U0862719

法律故事书系列

阳光普法

关注民生 传播法律

Law Story

公民普法·法律进社区

法律故事汇

纠纷解决·维权救济的故事

双色插图本

公民普法版

中国法制出版社
CHINA LEGAL PUBLISHING HOUSE

目录

壹 治安管理处罚与行政强制篇

贰 纠纷调解与法律援助篇

叁 诉讼篇

肆 信访与国家赔偿篇

伍 突发事件应对篇

壹

治安管理处罚与行政强制篇

1. 多些耐心与信任　医患关系不紧张

林芳和赵芬是大学时代的好友。林芳来自农村，赵芬来自城市。林芳的父母都是农民，赵芬的父母都在市里的医院当医生。在林芳小的时候，有一天，她的父亲突然晕倒，多亏邻居王大爷开车及时把林芳的父亲送到医院，经过抢救才脱险。经过这件事之后，林芳觉得医生这个职业非常伟大，可以救死扶伤，因此她励志成为一名医生。林芳在高考的时候顺利考取了省医科大学的临床医学专业，她的父母借钱供她读医学院，林芳学习成绩一直名列前茅，每年都能得到奖学金。赵芬因为父母都是医生，从小就很熟悉医院的环境，她的父母告诉她做医生太累了，劝她不要做医生，但是赵芬对医学情有独钟，她说自己一定要学医，而且学了医学以后也不一定就要当医生。赵芬的父母拗不过她，只好同意她报考医学院。赵芬和林芳虽然成长的环境不同，但是都热爱学习，两人渐渐成了好朋友。

转眼间，七年的大学时间就要结束了。林芳在市医院找到了工作，进入了她最喜欢的急诊科。赵芬对林芳的决定非常不解，她对林芳说："急诊多累呀，你忘了咱们之前在急诊实习的时候吗？天天忙到不行！"林芳说："没忘，怎么可能忘了？我也知道急诊累，但是能多救几个病人，我觉得我学的知识才算是派得上用场啊！"林芳见赵芬每天都穿着西服早上出门，直到晚上才回来，就问赵芬："你是不是没有去医院找工作？"赵芬说："是啊，我最近都在找外企，想去外企从事医药的工作。"林芳说："外企能用得上医学知识吗？你这是转行了吧？"赵芬笑了笑说："算是吧！我当年报考医学院只是想学习医学知识，我可没想过当医生。"林芳笑着说："也对，要不然在家吃饭都感觉像在医院开会。"

张美云和李有才是两口子。早些年，两人以务农为生，后来李有才觉得种庄稼不挣钱，就去城里打工了，一去就是三年，这一年秋天终于要回来了。张美云平时没事的时候就喜欢在街上溜达，一天，她碰到了村里的赵大娘。赵大娘眼神好，老远就看到了张美云，她小碎步跑到张美云跟前，轻声对她说："美云啊，你知道吗？你家有才在外边有人了！""什么？赵大娘，这话可不能乱说啊！你听谁说的？”张美云惊讶地问。赵大娘瞥了张美云一眼说道：“哎哟！哪是听说的，我亲眼见到啦！他昨天和一个年轻的女人在街上走呢！”张美云望了一下左右，凑到赵大娘耳边说道：“赵大娘，你看错了吧？我家有才今天才回来，昨天他还在火车上呢！”赵大娘说：“我说你这人，美云啊，你可得小心啦！他说在火车上你就信啊？现在哪个男的不会编瞎话？”张美云连忙摆手说：“不可能，不可能，我家有才是本分人，才不会干那种事情。”赵大娘用手指在张美云的额头上戳了一下说：“好，好，好，你信也好，不信也罢，反正都跟我没关系，你自己看着办吧。”说完，赵大娘笑了两声，哼着小曲走了。张美云本来还不相信，经过赵大娘这么一说，自己变得想不相信赵大娘的话都不行了。

张美云赶紧从兜里拿出手机，给李有才打了个电话：“喂，有才，你在哪里？”李有才一看是老婆打来的电话，不耐烦地说：“哎呀，我还能在哪儿？不就在火车上吗？昨天晚上打电话你就问，咋今天早上还问？一会儿 12 点就到站，我下午就回去。没啥事我就挂电话了，我这是外地的号码，长途电话费可贵呢！”还没等张美云追问，李有才就匆忙地挂断了电话。

下午，李有才背着双肩包，拖着行李箱垂头丧气地进了家门。一进卧室，李有才就把双肩包往床上一扔，坐在沙发上不停地叹气，也没理张美云。张美云憋了一肚子的火气，看李有才回家后不理自己，便气冲冲地说：“回来了也不跟我说一声？”李有才瞥了一眼张美云说：“你不是看见我回来了吗？这么一个大活人，你能没听见动静？”张美云越想越生气，说：“李有才！你出去几年是不是长本事了？”李有才说：“哎，我说你这人，我回来啥都没说吧？一边待着去，我烦着呢！”“你还烦？我告诉你，李有才，你那点破事我早就知道了，别在这里给我装糊涂！说是到外边打工去了，我看你是没少干不正经的事！这个家完了！”张美云的怒火已经无法控制。李有才说：“你有病吧？我下火车之后被别人偷了 500 块钱！能不烦吗？说我不干正经事？哼！你在家也没少干吧！”张美云疯狂地喊道：“我干什么了？家里的农活还不是我在干！你倒好，出去说是打工，谁知道你在干啥！你就别揣着明白装糊涂了，我都听村里的人说了，你昨天就回来了，还跟一个女的一起！你说，你是不是在外边有人了？”李有才愣了一下说道：“你听谁说的？我昨天在火车上啊！你不是还打电话问我来着吗？”张美云哭着说：“就是赵大娘，她都亲眼看到了！”李有才直摇头说：“胡说八道！你不知道她是个疯子吗？整天没事在街上瞎溜达，她的话你也信？”张美云说：“李有才，你别说别人，你要是不承认，我今天就死给你看！”李有才嘴里小声嘟哝着：“你要是有那本事你就干吧……”还没等李有才说完，张美云就从抽屉里拿出了杀虫喷雾剂，准备拧开喝。李有才见大事不妙，上前一把抓住张美云手中的杀虫喷雾剂。两人在争夺的过程中，喷雾剂溅到了张美云的脸上，张美云趁李有才不注意，一脚把他踹开，拿起喷雾剂，拧开盖子就喝，喝完说了一声“你看我敢不敢！”之后就倒地了。李有才被眼前的一幕吓坏了，抱起张美云就往市医院跑。

林芳和黄冰在市医院急诊大厅聊天。黄冰说：“林芳，今天可真是难得啊！一上午都没什么急诊患者。”林芳伸了一个懒腰说：“是啊，太难得啦！冰姐，你可不知道，昨天我碰见一个病人，就受了点轻伤，非得让我给他输液，最后好说歹说才给劝回去了。”黄冰说：“是呀，我也见过这样的患者，说真的，咱们当医生的嘴皮子功夫还得过硬才行。以后不当医生了，我就去做主持人！之前有个央视的主持人就是学医的呢！对了，林芳，开玩笑归开玩笑，咱们急诊医生可得注意言行，跟病人起冲突就麻烦了。你看前几天的新闻了吗？这一个月咱们市都发生好几起事件了。市二院有个护士被孕妇打了，嫌打针太疼。结果因为人家是孕妇，医院也无可奈何，护士还得给人家孕妇赔礼道歉。咱们院儿科的那个护士小王，前两天被患者家属打了，说是嫌排队太慢了。市三院有个孟医生，因为一句话没说对，把患者惹急了……唉，你说现在医患关系怎么成这样了呢！医生真难当！”

“黄大夫，林大夫，来病人了，说是在家里喝了杀虫剂！”急诊护士小叶一边跑一边说道。“啊！小叶，你快去后边准备一下东西，我先看一下病人。”黄冰一边说，一边整理好自己的衣服，向病人走去。

李有才满头大汗，气喘吁吁地跑进急诊处，对大夫说："大夫，快救救我老婆吧，她喝了杀虫剂！我一直在外地打工，今天刚回到家，她非说我在外边有女人了，我说我没有……""患者家属，之前的事不用说了，你先别着急，在外边稍微等一下。"黄冰打断了李有才的话，将张美云带进诊室后，询问她的具体情况。张美云到医院之后也清醒了，虽然脸色惨白，但恢复了知觉。黄冰对张美云说："你喝了什么东西？"张美云面露难色地说："就是平时用的那种杀虫喷雾剂。""喝了多少？"黄冰接着问道。张美云停顿了一下，说："我，我就喝了一瓶。"黄冰说："哎哟！一瓶可真不少，这可不是闹着玩的，小叶，给她安排一下洗胃吧！"张美云一听要洗胃，立刻来了精神，说："大夫，洗胃是不是要从嘴里插个管子进去？太疼了！我不用洗胃，我没事。"黄冰愣了一下，说道："喝了杀虫剂还不洗胃？怎么会没事？会出人命的！""我现在好着呢，没事了！大夫你不用管我了，我在这里歇一会儿就走。"张美云说。黄冰吸了一口凉气，说道："我问你，你到底喝没喝？"张美云低下头说："我，我往农药瓶里灌的糖水，想吓唬一下我丈夫，他肯定在外边有女人了，结果还说……"黄冰正想对张美云发火的时候，护士小叶叫道："黄大夫，这有一个病人心脏骤停，您快来看一下吧，林大夫说她弄不了了。"黄冰说："好的，我这就来。"黄冰来到林芳身边，对她说："林芳，这个患者交给我吧，你先去帮我把那个喝杀虫剂的女患者送出去，那人啥事都没有，让她家属交一下费用，然后就可以走了。""好的，我这就去。"林芳说道。

林芳把张美云带出了诊室，对她说："您回去好好休息，别再跟您丈夫闹别扭了，喝杀虫剂可不是闹着玩的，这次没事算是万幸，下次千万别这么干了。"李有才见张美云出来，急忙上前问道："大夫，给我媳妇治好了吗？"林芳对李有才说："没什么大事，您去交一下费就可以走了，回去注意身体，好好休息。"林芳把费用单给李有才，李有才一看，上面写着500元，心想：这可真贵啊！今天真是倒了大霉，丢了500元不说，还倒贴给医院500元，一天1000元就这么没了！我打工一个月才挣2000元啊！张美云凑到李有才跟前说："给我看一眼单子。什么？怎么这么贵？大夫就跟我说了几句话，啥药也没开，就让我走了。这就要500元？”李有才说：“真的就说了几句话？”张美云答道：“是啊！我骗你干吗？”李有才说：“那不行，我得问清楚，这个医院太黑了吧！”林芳正准备进诊室，就被李有才叫住了。李有才说：“医生同志，我听我媳妇说你们啥药都没给她开，还收500元，你们这是不是乱收费？”林芳说：“不会的，我们都是按照国家的收费标准来收取费用的，急诊肯定要比门诊收费贵一些。”李有才说：“这我知道，我说你们会不会看病？我老婆喝了杀虫剂，你们连药都不给她开？还收这么多钱？”林芳说：“您看单子上写的内容，我们医院不会乱收费的，刚才是另外一个有经验的大夫帮您妻子看的，肯定是没什么大碍，她才这样做的。”李有才拉住林芳，说：“有你们这么办事的吗？你必须给我保证我媳妇回去之后没事，要不然我不交这个钱了！”林芳苦笑着说：“实在抱歉，这一点我无法给您作保证，患者回去后好好休息，应该就没问题的。”李有才心里的火气不打一处来，之前丢了钱包，回家又被老婆冤枉，加上医院的医生又“敷衍”他，李有才终于忍不住了，他把火气全撒在了林芳身上。李有才说：“我看你们医院就是黑！不看病还乱收费！什么玩意儿！”说完，李有才一拳打在了林芳的脸上。急诊大厅的保安小冯见情况不对，急忙赶来拉走了李有才，后来又报了警。张美云在看了收费单之后，一直躲在远处看李有才和林芳说话，不敢上前，生怕医生告诉李有才她喝的不是杀虫剂。

林芳在毫无准备的情况下，被李有才的一拳打成了轻微脑震荡，牙槽骨也骨折了。躺在病床上的林芳不停地流眼泪，她想：“为什么我当初不向冰姐问清状况？为什么我当时没有再叫一个人跟我一起出来？为什么现在的病人就不能多相信医生一些呢？为什么现在人们都这样容易动怒？为什么我当初没有听赵芬的建议，不做医生……”林芳越来越怀疑自己的选择。休息了一个月之后，林芳平静了下来，她最终还是选择了继续坚持医生这份职业。她安慰自己说：“医生还是有价值的，像这样无理取闹的患者还是极少数的，以后我多加小心，灵活掌握方法，随机应变就是了。”

李有才因为违反了《治安管理处罚法》，被公安局处以十天拘留，罚款 500 元。李有才又“损失”了 500 元，在拘留所里的李有才肠子都悔青了。李有才被放出来的那一天，张美云早早地等在了拘留所的大门外。张美云对李有才说：“有才，我那天喝的不是农药，是我往农药瓶里灌的糖水。后来我回去想了想，自己确实是做得不对，那个赵大娘，我也知道她神经不正常，但是我也不知道怎么了，就信了她的话，实在是对不起！”李有才说：“算了，算了，都过去了，我当时也不应该那么着急，把医生给打了，咱们一定要找人家去赔礼道歉。回家吧！日子还得接着过呢！”

后来，张美云和李有才到医院给林芳道了歉，林芳也原谅了他们的行为，劝他们以后好好过日子，不要再闹别扭了。

天渐渐转凉，但是急诊室里还是忙得热火朝天。这天早上出诊前，黄冰对林芳说：“林芳，你昨天看新闻了吗？听说医闹入刑了，不再像之前一样归《治安管理处罚法》管了。现在如果有人再医闹的话，最高有可能被判七年有期徒刑呢！”林芳把白大褂一披，夹好自己的名牌，将听诊器挂在脖子上，一边向诊室走去一边对黄冰说：“这样啊，真是不知道该高兴还是伤心。总之，先干活吧！”黄冰也明白了林芳的意思，笑着说：“哈哈，也是！走！干活儿去！”

2. 小弹弓逼停火车　大学生后悔莫及

李强小时候学习成绩不太好，到了四年级的时候，父母看他的成绩还是没有进步，于是想让他往体育特长生的方向发展，以后也好有个特长能利用一下，说不定能凭借这个本事上个好大学，将来为国争光。李强的父亲是个体育迷，尤其喜欢田径。他一直对短跑项目没有一个顶级的亚洲选手而感到遗憾，于是父亲对李强说："李强，要不你练个短跑吧！亚洲一直没有顶级的短跑选手，你努努力，将来说不定就能出名。"李强苦笑着说："爸，电视里都说了，人家那些跑得快的选手的肌肉和咱们长得就不一样，天生跑得快，咱们再怎么练也跑不进十秒。"父亲说："瞧你那点儿出息！那你自己选吧，学习也不好，让你练个体育特长你还不乐意。"说完，父亲就回屋睡觉了。母亲接着对李强说："你是不是觉得短跑太累了？要不练个跳高什么的，动得少。"李强想了想说："这个还不错，我想试一下。"

几天后，父母带着李强找到一位体育教练。教练看了看李强，就对他的父母说："李强这孩子看起来倒是挺机灵的，不过依我看他没有这方面的天赋，跑和跳的项目对他而言都会比较吃力，即使比别人更努力，也只能到一般的程度。"李强父亲说："教练，您话说得也太早了吧，要不让孩子稍微试一下？"教练笑着说："哈哈，我见过的孩子可不少，什么样的是好苗子我一眼就能看出来。也行，让孩子玩一下，既然来了就试试吧！"李强听了教练的话，感到非常沮丧，连着跳了几次都没过。教练对李强父母说："体育运动员这个职业不是所有人都能干的，身体的先天条件很重要。孩子还小，这会儿补习功课还来得及，你们放心吧，这孩子不傻，就是贪玩，好好学习的话肯定能上大学。"经过教练这么一说，李强的父母也就彻底放弃了让李强做体育特长生的念头。

暑假到了，正值北京奥运会举办期间，作为体育迷的李强和父亲几乎天天守在电视机前观看比赛。这天下午，他们看到了射箭比赛。中国选手接连战胜实力强劲的韩国选手，最后闯入了决赛。李强对父亲说："没想到射箭比赛这么有意思！太精彩了，中国选手一人连挑了两名韩国选手，不过最后这个决赛可不容易，对手是世界第一啊！"父亲说："论实力咱们的选手应该稍占下风，不过这可是咱们的主场啊，我还是相信中国选手。”比赛开始后，第一轮中国选手射出了 10 环，韩国选手射出了 9 环。可是第一轮刚过，就下起了大雨。中国选手在第二轮射出了 7 环。李强说：“坏了！决赛出了个 7 环，这是重大失误，相当于把冠军让给了对手，太可惜了！”父亲说：“下雨影响大，你看着吧，韩国选手也会受影响的。”父亲话音刚落，韩国选手就射出了 10 环。中国选手在随后几轮中发挥稳定，接连射出了 10 环和 9 环。韩国选手看似稳定，但是射出了好几个 8 环。李强说：“比分咬得真紧呀，这下我也紧张得不行了，真佩服那些选手的心理素质。”倒数第二轮，中国选手射出了 9 环，韩国选手射出了 8 环，中国选手以 2 环的优势进入了最后的决胜轮。只见韩国选手屏住呼吸，一箭射在了 10 环。李强说：“中国选手必须要在 8 环以上啊，加油！”中国选手冷静地把弓箭搭好，迅速出手，9 环！中国选手以 1 环的优势战胜了世界最强的韩国选手。李强和父亲都高兴地叫了起来。李强对父亲说：“爸，我想学射箭！这个不用跑也不用跳，我眼神好，肯定没问题。”父亲说：“好，好，射箭好！”

新学期开始后，父亲给李强找到了一所学习射箭的学校，让他每天下午放学后去练习，但是提出的条件是学习也必须用功才行。李强答应了父亲的要求。放学后，李强总是第一时间赶去练习射箭，在周末空闲的时候，他还会用弹弓练习瞄准。渐渐地，李强的射箭技术和弹弓技术都有了明显的提高，还入选了学校的射箭队。王磊是射箭队里的头号明星，比李强高一个年级，就连他都一直夸赞李强进步快，李强在跟王磊切磋的过程中，也收获了宝贵的友谊。李强和王磊作为学校射箭队的“双子星”也慢慢被大家熟知。

一天晚上，李强训练完走在回家的路上。突然，他发现前面有两个人扭打在一起，紧接着听到一个女性的声音：“有人抢劫！有人抢劫！”女子话音刚落，一个男子用胳膊夹着包，飞快地从李强身边跑过。李强想赶紧从自己的包里找手机报警，不过他没翻到手机，倒是一下子摸出了随身带着的弹弓。李强心想：这会儿再打电话报警肯定来不及了，跑步我也跑不过他，只能这样了……李强左手从包里掏出弹弓，右手从衣服口袋里拿出两颗钢珠，眯着右眼，一个转身将皮筋拉到右肩膀，迅速瞄准、松开皮筋。“嗖”的一声，两颗钢珠分别打中了男子的左右肩胛骨。男子一声惨叫，摔在了地上。这时才有两个中年男人上前压住了男子，李强在和那位女士一起去派出所的时候，警察同志告诉李强：“你的做法是见义勇为，但是方式方法值得商榷。弹弓是很危险的，多亏你是打中了男子的肩膀，如果打中了他的头部，后果就不堪设想了。”李强本以为警察会夸奖他一番，没想到最后还落了个不是。警察要没收李强的弹弓和钢珠，最后李强好说歹说，加上女士的求情，警察才同意李强把弹弓带回去，但是钢珠必须交出来，而且以后不能再这么用了，尤其是不能用钢珠弹弓打人。李强觉得非常不公平，自己明明是救了人，结果还挨了一顿批评。

李强升入高中之后，加入了学校的射箭队，每天非常刻苦地训练。高三那年，李强终于盼来了代表学校去打全国锦标赛的机会。机会难得，李强一想到这次比赛就很激动，所以他增加了自己的练习时间，每天都练到很晚。可是，就在临近比赛的前一周，李强发现自己没有力气射箭了，去医院检查后才知道，他因为训练强度过大，肌肉受损，必须马上停止射箭，休养三个月。“啊？三个月？我不能参加比赛了吗？”李强必须参加这个比赛的原因是只要拿了冠军，他就可以凭此进入一所好的大学。李强忍住剧痛想把胳膊抬起来，但他实在是做不到了，无奈之下，李强只得放弃了比赛。要知道，离最后的高考就剩下不到半年的时间了，虽然李强平时学习成绩还说得过去，但他毕竟把重心放在了射箭上。这下李强也没有别的办法了，只能把自己的弓挂在了墙上。李强后来得知，王磊所在的学校赢得了全国冠军。李强心想：王磊当年的成绩还不如我，我要是不受伤的话，肯定能拿到冠军的。

后来，李强考上了省内的一所大学，转眼间已经是大二的学生了。经历过一次受伤和挫败之后，李强渐渐远离了射箭，不过他依然喜欢玩弹弓。平时没事的时候，李强就会拿弹弓到野外去打鸟。李强在大学里成立了弹弓社团，向大家讲授弹弓的知识，组织大家玩弹弓打易拉罐的游戏等。因为之前被警察警告过，李强在社团里用的都是木头做的弹丸，以保证大家的安全。但是，李强自己还是会用钢珠来做弹丸。

一次，李强组织社团的朋友周末去郊外野餐，他们来到了小河边的一处草坪上，就在不远处还有高速铁路，能看到高速列车快速通过的样子。吃完饭后，大家玩起了“真心话大冒险”的游戏，李强在几轮之后就“撞了大运”。张楠说：“真心话还是大冒险？你自己选吧！”李强说：“那我选大冒险。”大家七嘴八舌，讨论让李强接受什么冒险。这时吴明突然站了起来，对大家说：“咱们一直在学校打易拉罐，太无聊了。李强，听说你有用弹弓打鸟的本事，给我们展现一下呗！”李强说：“这哪算什么大冒险啊？这是我的特长，不用冒险。换一个，这个太容易了。”大家一听吴明说的话，也觉得挺有意思的，就都说让李强打鸟。李强说：“好吧，这根本就不算大冒险，既然你们想看，我就来表演一下吧，不过今天没看到天上有鸟啊。”张楠突然说：“快看！高铁支架那边是不是有一只鸟？”李强扭头一看，说道：“还真是，看我把它打下来！”陈笑说：“李强，等一等，太危险了吧！一会儿火车要是经过怎么办？”李强一边瞄准一边对陈笑说：“放心好了，我还是有准头的。”大家都和李强注视着同样的方向，一只小麻雀在高铁支架的边缘处站着。李强为了展示“连发”的绝技，特意选了两颗钢珠。李强在放手的一瞬间，一列火车飞驰而过，鸟也被吓跑了。李强心想：坏了！这下可闯了大祸了！钢珠“砰、砰”两下由支架弹到了火车上，在一阵刺耳的响声之后，火车停了下来。李强和同学们赶紧躲到了高架桥下面，大家一哄而散。不一会儿，民警张法闻讯赶来，发现火车运行轨道附近的草地上有垃圾，他觉得很可能就是留下垃圾的人发射了弹珠。火车的乘务员通过玻璃上的痕迹，认定是有人用弹弓袭击了火车。最后，张法通过调取监控录像，锁定了嫌疑人李强。

李强被叫到派出所接受询问，民警张法问他：“是不是你干的？”李强说：“什么事情？我不知道。”张法越看李强越觉得眼熟，对他说：“你小时候是不是救过人？一个被抢钱包的人？”李强说：“对，是有这么一回事。”张法笑着说：“好小子，那这次肯定是你了！老实承认吧。我就是当年告诉你不要用钢珠打人的警察，没想到你小子现在还在玩这个，还越玩越大了？”李强一点防备都没有，突然听到张法的话，只得乖乖承认了。虽然火车只是在玻璃上有处凹陷，但是李强的行为已经严重影响了铁路的运营，张法在把事情的严重性给李强讲了之后，根据法规罚了他 300 元人民币并处以 5 日拘留，希望李强能够好好反省，引以为戒。从这件事之后，李强才真正反思了自己的所作所为，为自己的傲慢无知而感到惭愧。在李强的房间里，除了墙上的弓箭，现在又多了一个弹弓。他决心吸取教训，再也不做这种危险的行为了。

《治安管理处罚法》第二十三条规定：“有下列行为之一的，处警告或者二百元以下罚款；情节较重的，处五日以上十日以下拘留，可以并处五百元以下罚款：（一）扰乱机关、团体、企业、事业单位秩序，致使工作、生产、营业、医疗、教学、科研不能正常进行，尚未造成严重损失的；（二）扰乱车站、港口、码头、机场、商场、公园、展览馆或者其他公共场所秩序的；（三）扰乱公共汽车、电车、火车、船舶、航空器或者其他公共交通工具上的秩序的；（四）非法拦截或者强登、扒乘机动车、船舶、航空器以及其他交通工具，影响交通工具正常行驶的；（五）破坏依法进行的选举秩序的。聚众实施前款行为的，对首要分子处十日以上十五日以下拘留，可以并处一千元以下罚款。”李强的行为属于非法拦截交通工具，影响交通工具正常行驶。虽然只是一颗小钢珠，但是在面对时速高达 300 公里的高铁列车时，还是非常危险的。所以，我们平时一定要注意，不要在马路、高铁轨道和机场进行危险的活动，这样不仅会给别的乘客造成影响，我们也会因为自己的行为触犯《治安管理处罚法》或者《刑法》的规定受到处罚，得不偿失。

3. 看待输赢要理性　文明观赛我先行

常海是一名 90 后青年，他平时喜欢学习，成绩一直很不错。小学三年级时，中国队闯入了世界杯，学校组织大家一起观看。常海平时专注于学习，不怎么喜欢体育运动，学校组织这次活动时，他还暗自抱怨把上课的时间占了，用来看足球比赛真是没有意思。比赛开始后，常海第一次在电视里看到了足球比赛。球场里人山人海，大家都在为各自国家的球员加油。球员出场后的升国旗仪式令常海感到震撼，他看到不仅中国球员精神抖擞，右手放在左胸前高声唱着国歌，就连球迷们也在跟着唱。常海感觉自己仿佛就置身于比赛场地当中。双方唱完国歌后，比赛就要正式开始了。常海扭头问旁边的高飞道："高飞，你说中国队能赢吗？"高飞是个小球迷，足球水平也很高，他的父母准备在三年级结束之后就把他送到足球学校去接受专门的训练。高飞叹了一口气说："赢是不可能的了，这场比赛中国队能平，不，能少输几个球就不错了。""不是吧，实力对比这么悬殊？"常海吃惊地说道。高飞说："你继续看就知道了，双方不是一个水平的。"果然，最终中国队一球未进，输给了巴西队四球。常海对高飞说："这也太可惜了，我觉得中国队有好几次不错的机会呢！"高飞说："没办法，足球比赛的结果是实力加运气，今天中国队两方面都不如巴西队，能参加世界杯已经很不容易了。"放学后，常海走在路上，听到路人们也都在谈论这件事，他第一次感受到了足球居然有这么大的魅力。从此以后，常海除平时认真学习外，还多了一个爱好——足球。常海把每月的零花钱攒起来，每月底都会买最新的足球杂志，收集球星卡片，渐渐地，他也成了一名足球小专家。高飞在三年级结束后，就被父母送到了足球学校，但是平时还总跟常海联系，常海利用周末的时间也会跟高飞一起踢球，但是因为高飞跑得太快，常海没法跟他踢比赛，所以他就经常帮着守门，让高飞练任意球和点球。

时光飞快，转眼间高二就结束了。在高二的暑假里，常海因为要准备高考，所以看球的时间变少了，跟高飞一起出去玩的机会也不多。高飞经过几年的专业训练，被甲市威虎队看中，成了一名职业球员。但是，因为甲市威虎队只是一个第三级别联赛的球队，高飞有些沮丧。高飞给常海打电话说："我被威虎队选中了。”常海说：“恭喜你啊，你小子真行，这下真成职业球员了。”“恭喜啥啊，威虎还在第三级别联赛，平时成绩没我好的那个李一，被超级联赛的球队选走了，唉……”高飞越说越沮丧。常海说：“别这样，低级别联赛说不定出场机会还多呢，先好好练练，以后的事谁都说不好，起点低不一定终点也低，加油吧！”

经过一年的紧张复习，常海顺利地考上了乙市的全国重点大学。高飞所在的威虎队，也升入了甲级联赛。高飞作为主力中场球员，在第三级别联赛的40场比赛中打进了10球，一下子成了球队不可或缺的球员。高飞打电话对常海说：“还真被你说中了，这个赛季的比赛我全部出场了，现在我都觉得自己水平有了提升。”常海说：“真的祝贺你！我也考上了重点大学，你知道吗，就在乙市，你下次来打客场，我去给你加油！”高飞和常海都在自己不同的道路上顺利地前行。

大一开学后，常海觉得自己经历了那么艰苦的高三，终于有了放松的时间，于是经常熬夜看球，许多必修课都没有去上，期末考试的成绩不是很理想。高飞因为在上个赛季的比赛中有好的发挥，自己也有些飘飘然。在一场比赛之前，他觉得对手很弱，没有认真做热身运动，结果在比赛中拉伤了大腿。他忍着剧痛继续比赛，没有跟教练说，结果在一次拿球时，被对手犯规，造成了严重的损伤，不得不休战半年。躺在病床上的高飞非常懊悔，他觉得自己不应该轻敌，要是没有自己的拉伤，对手犯规时说不定就能躲开了。高飞知道常海没有考好时，也安慰他说：“没啥大不了的，才刚开始，还有机会，我也要重新开始，之前太骄傲了，拿了第三级别联赛的冠军就忘了自己叫啥了。我要好好休养，然后再冲高峰。”得到高飞的鼓舞，常海的表现也有了改善，成绩也慢慢提上来了。

在高飞休战的半年中，球队的成绩起伏不定，一直在第五名和第六名的位置徘徊。在联赛还有五轮就要结束的时候，高飞复出了。在养伤的半年中，他虽然腿伤了，但是上肢还是很灵活。于是高飞自己主动加强了上肢训练，平时还会看一些经典的比赛录像和专业书籍。教练见他恢复得不错，在倒数第五场的时候把他派上了场。高飞在场上不怕苦不怕累，在积极进攻的同时还总能够很好地防守。眼看比赛就要结束了，威虎队获得了边线球的机会。高飞跑到边线，示意大家都往禁区跑。高飞顺利地把球扔到了禁区，威虎队前锋抢点冲顶，球进了！威虎队成功绝杀了升级的直接竞争对手，一下子就到了积分榜的第二位。在最后的几轮中，高飞场场首发，威虎队居然取得了五连胜，成功地升级到超级联赛，在高飞出场的五场比赛中，他送出了两次助攻并收获了三粒进球。

升入超级联赛之后，高飞变成了球队的队长。在超级联赛中，威虎队这种依靠年轻球员，没有什么大牌球星的球队普遍不被大家看好。终于，升入超级联赛的威虎队来到了乙市打客场比赛。乙市旋风队是超级联赛的强队，冠军的有力争夺者。威虎队第一场比赛就遇到旋风队，旋风队球迷认为球队能够通过大胜开个好头。常海等这一天已经很久了，他早早地买了一张票，结果到场后却发现自己周围全是旋风队的球迷。威虎队球员一拿球，他们就一片嘘声，看到戴队长袖标的高飞拿球时，嘘声更大。上半场比赛进行到 30 分钟时，旋风队已经 3 比 0 领先威虎队了。常海看到高飞在场上被限制，自己也很是着急。下半场刚开场不久，威虎队前锋变向带球过人，被旋风队后卫放倒，威虎队因此获得了一个位置非常好的前场任意球。高飞走到罚球点附近，正准备助跑发力射门，谁知道脚底突然一滑，踢空了。这时，看台上已经笑成了一片。站在常海旁边的旋风队球迷王大峰说："就这水平，还是队长呢？"常海身后的旋风队球迷张天鹏紧接着说道："别打超级联赛了，这赛季你们降级是肯定的了，这队长之前传得挺邪乎的，说什么以后是国家队的主力，我看真没戏。"常海对于旋风队球迷的嘘声置之不理，可是听到看台上的这些球迷辱骂高飞，他实在忍不住了。

常海对后面的王大峰说："兄弟，你嘴巴能放干净点儿吗？"王大峰说："你算啥？这是我们旋风队的地盘……"还没等王大峰说完，常海一拳就打在了王大峰的脸上。王大峰还没缓过神来，张天鹏一脚踹在了常海的大腿上，三人开始扭打成一团，越来越多的球迷围了上来，试图把他们三人拉开。张天鹏气喘吁吁地对常海说："你小子至于吗，出手这么狠，我不就骂了球员一句吗，又不是骂你父母！"常海用近乎咆哮的声音说："你知道高飞有多么努力吗？你知道他平时是怎么练的吗？不知道就别在这儿瞎说！"王大峰说："我们看球骂两句怎么了？碍你什么事了？那要照你这么说，球迷看球都不能说话了！"常海说："你们就是足球流氓，社会渣滓！"说完，常海拿着自己喝了一半的啤酒瓶就往张天鹏头上扔，张天鹏躲得快，啤酒瓶直接掉在了地上。王大峰也急了，他见手边没有能扔的东西，就试图把椅子拆下来，但是因为椅子是固定在水泥台上的，王大峰费了九牛二虎之力才把椅子背给掰断了，王大峰拿着塑料椅子背就向常海扔去，张天鹏则从地上捡起碎玻璃渣往常海身上扔。眼看事态愈演愈烈，球迷的目光都集中在这场斗殴上了。除了这三人，还有一些好事的球迷放着简易烟花，敲着鼓起哄。防暴警察手持盾牌和警棍把这三人控制住之后，迅速把他们带离了现场，比赛因此中断了 10 分钟。

可正是这宝贵的 10 分钟，让威虎队有了喘气的时间，下半场 60 分钟到 88 分钟之间，奇迹出现了，比赛时间进入第 61 分钟时，高飞中路得球后分给左边路的队友，队友贴边线快速带球，连续甩开两名对方后卫，下底传中，传中球正好砸在了旋风队球员的头上，那个队员下意识地顶了一下，没想到顶进了自家球门。凭借这粒乌龙球，威虎队把比分追成了 1 比 3。5 分钟之后，威虎队前锋头球攻门被守门员挡出，威虎队获得角球。高飞把球发到了后点，早已在后点站好位置的威虎队后卫用胸部把球停好，凌空捅射，球进了！ 2 比 3。之后的 10 分钟，双方你来我往，没有进球。第 81 分钟，高飞拿球后从中路带球突破，他看对方守门员站位靠前，将球往前带了一小步，起脚爆射，球向球门左上角快速飞去，3 比 3！威虎队连扳 3 球，并由高飞在 88 分钟攻入绝杀，最后威虎队居然以 4 比 3 赢了旋风队。

常海和王大峰、张天鹏三人都有不同程度的骨折，其他参与围殴的球迷也有十余人受了轻伤。公安机关以常海扰乱体育比赛，情节严重为由，处以常海 5 日行政拘留的惩罚，责令常海 6 个月内不得进入体育场馆观看足球比赛。

常海的不理智行为，不仅对自己造成了很大的负面影响，而且给足球活动带来了很大的困扰，后来大家一谈起这场球时，都说是意外事件助了威虎队一臂之力，威虎队也站在了舆论的风口浪尖上。

为了体育比赛能够正常有序、公平公正地进行，我们都应该文明观赛，理性看待输赢，共创良好的体育文化氛围。

《治安管理处罚法》第二十四条第一款规定了应当给予罚款、拘留行政处罚的扰乱大型群众性活动秩序行为的具体情形。这六项行为虽然形式各异，但都对大型群众性活动的秩序产生了不良影响，干扰了活动的正常进行，甚至会导致更加严重的后果，造成人身伤害和财产损失，故应当予以禁止和处罚。第二款是针对因扰乱体育比赛秩序被处以拘留处罚的人所作的特别规定，即对其可以同时责令十二个月内不得进入体育场馆观看同类比赛；违反进入者，强行带离现场。

4. 强行买卖不可做　服务第一记心上

苏志强、陈鹏华、张涛三人都在县一中读初中，他们的关系非常好，经常在一起玩耍。陈鹏华的学习成绩一直在班上名列前茅，备战中考自然不在话下，甚至在没有考试之前，老师就已经跟同学们说陈鹏华肯定会考上市里面的重点高中，将来一定能考个好大学。张涛平时喜欢琢磨机械，才刚上初中，就已经掌握了摩托车、农用三轮车驾驶技术，他平时对于学习文化知识非常头疼，想初中毕业之后就去读技校，以后当一个修车师傅。苏志强比较贪玩，上课总是睡觉，晚上喜欢去网吧打游戏，平时也不怎么爱跟同学交流。大家都非常好奇学习这么好的陈鹏华为什么会跟苏志强做朋友，其实是苏志强从来不说学习上的事，别的同学见了陈鹏华一般都是夸他学习好，但是苏志强跟陈鹏华聊天的话题总是游戏和体育赛事。虽然陈鹏华家里管得严，很少有机会能打游戏、看比赛，但是他很喜欢这些休闲活动，喜欢跟苏志强进行探讨。苏志强落下的功课实在是太多了，他自己也对自己没有信心，于是他打算在初中毕业之后出去打工，先挣点钱再说。初三的下半学期，陈鹏华每天都埋头苦学，虽然老师对他很有信心，但是他还是觉得学得不够。为了确保万无一失，顺利地考上重点高中，陈鹏华没日没夜地看书、做题，终于如愿以偿地考取了重点高中。

张涛在初中的成绩不好，但是在技校中却成了顶尖的学生。老师每讲一个原理和方法，他总能立刻记住，三年里一直是学校里的前几名。毕业后，张涛在市里的汽修店找到了一份工作，每个月有 3000 多元的工资。苏志强在初中毕业后，先是在县城做起了卖水的工作，后来他觉得这个工作太累，就跑到了市里，做起了服装生意。三年过去了，苏志强换了不下五份工作，每个月的收入都不稳定，他花钱大手大脚，经常每个月的工资刚拿到手，第二天就全都花光了。陈鹏华则延续了初中的学习劲头，但是因为市重点中学里的好学生太多，他也渐渐觉得学习有些吃力，最后高考发挥一般，考到了市里的大学。虽说是市里的大学，但也在全省非常有名气，因此陈鹏华的父母就没有让他再去复读。

陈鹏华开学的日子到了，他以前从来没有用过手机和笔记本电脑。家里的台式电脑已经用了近 10 年。到大学后，陈鹏华发现同学们都带着新的笔记本电脑和手机，很多同学用的都是苹果手机。陈鹏华的手机是一款非智能手机，连同学的微信都没法加。同学聚会的时候，大家互相交换微信号，聊各自朋友圈里有趣的照片，陈鹏华只能呆坐着，不敢把手机拿出来。有的同学主动向陈鹏华要微信号，陈鹏华借口说自己的手机坏了，加不了对方好友，等修好了再加。在宿舍里，其他同学都在床上用笔记本电脑打游戏或者看电影，只有陈鹏华一个人在看书。陈鹏华觉得自己必须有一部新的手机和笔记本电脑，于是趁国庆节放假的时候跟爸妈说了这件事。父母后来给了他 5000 元，让他自己去支配。陈鹏华心想，5000 元连买苹果手机都不一定够，他本来想再多要一些，但是觉得爸妈挣钱也不容易，就没有再开口要钱了。

陈鹏华拿着爸妈给的 5000 元，来到了市里最繁华的商业街。他走进一家电器卖场，问售货员苹果手机要多少钱，售货员说："最低 5200 元。"陈鹏华说："这也太贵了吧？"售货员紧接着说："一分价钱一分货，你试试这个 1000 元的手机，再试一下这部苹果的手机就知道了。"陈鹏华拿起两部手机一试才知道，1000 元的手机用手指在屏幕上划了半天才有反应，而苹果手机则轻轻一碰就解锁了。陈鹏华说："还真是一分价钱一分货，不过太贵了，我一共只有 5000 元，还要买笔记本电脑呢。""5000 元要买笔记本电脑和手机的话，可是很紧张啊，手机买个便宜的，电脑买个普通的就可以。你再看看吧，电脑柜台在旁边。"售货员说道。陈鹏华又到电脑柜台看了看，发现稍微好一点的笔记本电脑都要 4000 多元，这样一来，他只剩下不到 1000 元能用来买手机了。陈鹏华心想："这种正规商店卖的东西肯定偏贵，我那天上网查来着，苹果手机有的商家只卖 2000 多元。"陈鹏华从家电卖场出来，坐公交车去了电子商品市场。

来到电子商品市场后，陈鹏华被眼前各种各样的商家给吓到了。街上的音响声音非常大，几乎都在放着自己店里卖的手机是最便宜且质量最好的。各个店铺的上面都写着"苹果专卖"，一时间陈鹏华也不知道该去哪里了。突然，他看到一个店铺的广告牌上画着苹果的商标。陈鹏华心想：这个商标是"苹果"，我认识。之前太多的店家都是用汉字写的"苹果"，一看就假。这个有英文和商标，应该是正品的手机。陈鹏华向店铺走去的时候，身边有许多人上来问他要买什么，陈鹏华一概不理。他知道在电子市场要小心，不能轻信别人的话。还没进那家店，店里就出来一名店员主动向陈鹏华做自我介绍。只见那个店员穿着一身黑西服，头上的头油在太阳的照射下显得格外发亮，店员说："你好，我们这里是苹果手机专卖店，只卖苹果手机，我叫强守孝。"陈鹏华看到这家店的店员服务很热情，于是就开心地走进了店里。

进店之后，陈鹏华对强守孝说："你们这里最便宜的苹果手机要多少钱？"强守孝说："最便宜的要 500 元。"陈鹏华听了先是一愣，紧接着问道："假的吧？据我所知最便宜的外国版还要 2000 多元呢！"强守孝笑着说："行啊，哥们儿，真懂！确实如你所说的那样。不过我也没蒙你，我们这最便宜的苹果手机是二手机，之前有人用了几天不用了，便宜处理给我们了。我这里也就这一台。"陈鹏华说："二手的倒也不是不行，那你拿出来让我看一下吧。"强守孝拿出手机，陈鹏华看了一下，发现手机有严重的划痕，于是他对强守孝说："这台手机的划痕太严重了，我不买了。"强守孝说："你看都看了，怎么能不买了？我们店有规矩，这种二手机要看了就是要买的意思！"陈鹏华见强守孝生气了，急忙说道："那怪我不懂你们的规矩，给你赔不是了。"陈鹏华说完就往外面走，刚走到门口，两个店里的店员就把门关上了，不让陈鹏华走。"必须得买！"两个关门的男子异口同声地说道。陈鹏华见形势不对，只好乖乖地从包里掏出 500 元钱。"不行，这个手机涨价了，现在卖 1000 元，刚才 500 元的时候你不买，过了这村就没这店了。"陈鹏华非常后悔自己没有考虑清楚就进这家店，现在已经没有办法了。正当他从包里继续拿钱的时候，警察胡平安携两名辅警推门而入。胡平安大声说道："这次你们可让我抓了个正着！看你们还敢说自己没有强买强卖？"强守孝见警察进来，赶忙把手机和钱往柜子底下塞。胡平安说："强守孝，我就说你小子有猫腻，别藏了，店里的监控全都拍下来了，跟我去派出所做笔录！"强守孝说："我真没有强买强卖，是他非要买这个手机的，而且又拿在手上看了半天，再不买不太合适吧？我就鼓动了他一下而已。"胡平安朝向陈鹏华问道："你是自愿买这个机子的吗？”陈鹏华哽咽地说：“不是，我不想买二手机，他非要让我出钱买，还乱涨价。”胡平安说：“强守孝，别狡辩了，走吧！”

到了派出所之后，强守孝老实交代了自己强买强卖的行为。胡平安问：“你是不是之前还坑过这两个人？”站在旁边的陈鹏华发现这两个人竟然是自己的初中同学苏志强和张涛。本以为再也联系不上的同学，因为被骗又相见了。苏志强说：“陈鹏华！你是陈鹏华吧？你怎么也来这里了？”“别提了，都是贪小便宜闹的，我当初就应该在商场买手机。”陈鹏华在惊喜之后，一脸懊悔地说。陈鹏华问苏志强：“你们怎么回事？你俩都被骗了？”张涛接话说道：“可不是吗，我跟苏志强一起出来买手机，他说那条街上的手机便宜，能淘到好货。没想到进了那人的店，那人就不让我们出去了，我俩一人给了那人 1000 元，买了个破手机才出来。”陈鹏华说：“哎，是呀，以后真应该注意了。这种贪小便宜的事情，真的会让人吃大亏啊！”陈鹏华、苏志强和张涛三人通过此次被骗的经历，决心不贪图小便宜，踏踏实实做人，不追求奢侈品。陈鹏华在大学跟同学见面时，也不再羞于把自己的旧手机拿出来了。同学们见了他的旧手机，反而觉得很新鲜，没有嘲笑他的意思。陈鹏华把从父母那里拿来的 5000 元钱又悄悄塞到了家里的抽屉中，他下定决心要用自己的奖学金买笔记本电脑，至于手机的事，他也觉得没什么必要了，自己现在用的手机能打电话发短信，跟别人取得联系就可以。

在这个故事中，强守孝采取威胁手段强行要求陈鹏华购买手机，其行为构成了《治安管理处罚法》第四十六条所规定的“强买强卖”。强买强卖，是指行为人在商品交易中以暴力、威胁手段强迫他人把不愿意出售的物品卖给行为人，或者强迫他人向行为人购买不愿意购买的物品的行为。前者一般是行为人以低价强买，后者一般是行为人以高价强卖。行为人一般具有强迫他人按照自己的意愿进行商品交易、提供或接受服务获取非法利益的目的。但行为人强迫交易是否达到目的，不影响本行为的成立。

强迫交易的违反治安管理行为，是指以暴力、威胁手段强买强卖、强迫他人提供服务或者强迫他人接受服务，情节不严重的行为。暴力是指行为人对于被害人的身体实施强制或者殴打，如强拉硬拽、捆绑拘禁等，致使被害人不得不购买或者接受服务。威胁是对被害人实施精神上的强制，如以实施暴力相恐吓或者以损害名誉相要挟，致使被害人不得不购买或者接受服务。强迫进行交易的行为，违背了自愿、平等、公平、诚实信用的民事活动基本原则，侵犯了经营者或者消费者的合法权益，扰乱了正常的市场交易秩序，具有严重的社会危害性。

5. 扣押遵循法定程序　行政机关依法履职

张继超是山东省天天物流公司的货运卡车司机，主要负责从山东到黑龙江的线路。张继超每次出车来回都需要一周的时间，工作虽然辛苦，但好在收入还不错，他工作起来也是干劲十足。

2017 年 4 月 10 日，张继超像往常一样从公司出发去哈尔滨，经过山东省某公路超限检测站时，执勤人员宋亮亮身着交通执法制服向张继超走过来，递给了张继超一张扣押决定书，说道：“载货超限，你这车被扣了！”

张继超接过扣押决定书，见上面印的全部内容是：因鲁 A××××× 货运卡车载货超限，根据有关规定，扣车四十天。扣押决定书印着山东省某市路政大队的印章。

一看到扣押决定书的内容，张继超着急地问道：“我只拉了半车货，怎么就超限了？”

宋亮亮不耐烦地说：“我说超就超，你讲这么多干什么！”这时，宋亮亮叫来两个没有穿制服的人，让张继超把车开到路边的空地，并在货车方向盘上加了一把锁。

张继超着急地说道：“我这车上拉的全是海鲜，你扣车这么长时间，海鲜全都要坏了！”

宋亮亮对张继超说道：“用不了多久，等下了处罚决定，我就开锁放车走。”

张继超急得团团转，赶紧给组长老钱打电话，“组长，我的车在某公路超限检测站被扣了，说是要扣四十天！车要扣下这么长时间，车上拉的这批海鲜就得全坏了！这海鲜要是坏了，我这几个月的工资就都赔进去了！”

“你先别着急。车怎么会超限呢，你今天出车时不是才拉了半车海鲜吗？”老钱问道。

“对啊，我是要到下一个客户那拉上剩下半车海鲜才去哈尔滨的，可超限检测站的工作人员非说我的车超限，还把车扣下了！”张继超郁闷地说道。

“你先别着急，这事儿我咨询下咱们公司法务总监孙晓法，一会儿给你答复。”老钱说道。

老钱将情况反映给了孙晓法，孙晓法简单了解后决定给张继超打个电话了解下详细情况。

张继超在超限检测站旁焦急地等着公司回话，这时他的手机响了，张继超赶紧接通电话。

“小张，我是公司法务总监孙晓法，基本情况老钱都已经告诉我了，现在我得向你核实一些具体问题。”孙晓法说道。

“孙总，您得帮我想想办法啊，我稀里糊涂地车就被扣了！”张继超着急地说道。

“不要着急，你把扣押决定书的内容给我说一下。”孙晓法说道。

“扣押决定书上就写道：‘鲁 A××××× 货运卡车载货超限，根据有关规定，扣车四十天’，扣押决定书最下面盖了印有山东省某市路政大队的印章。”张继超说道。

“你当时没向执法人员说明货车只有半车海鲜，不可能超限的情况吗？”孙晓法问道。

“我当时说了，可是那个执法人员太霸道，根本不听我解释！”张继超气愤地说道。

“其他执法人员也没听你解释？”孙晓法问道。

“哪有其他执法人员，当时就一个人。不过后来扣车的时候又来了两个人，他们也没穿制服，我也不清楚是不是执法人员。”张继超说道。

“那名执法人员有没有向你出示执法身份证件，有没有告诉你采取扣押行政强制措施的依据以及你后续享有的权利、救济途径？”孙晓法问道。

“没有出示执法身份证件，就告诉我等着行政处罚决定就行了。”张继超说道。

“情况我已经了解了，超限检测站存在严重的执法程序瑕疵。我准备好材料传真给你，你先把这些材料提交到某市公安局申请行政复议，我明天到你那一块处理。”孙晓法说道。

当天下午，张继超向某市公安局申请行政复议，某市公安局工作人员没有收材料，说负责行政复议的工作人员出差在外，让他过几天再来。三天后，张继超在孙晓法的陪同下再次来到某市公安局申请行政复议，工作人员仍以“负责行政复议的工作人员出差在外为由”拒收材料。

“我们都跑两趟了！工作人员出差你们就不受理老百姓的诉求了吗？我货车里载的都是生鲜物品，时间长了就全坏了！”张继超情绪有些激动，可某市公安局的工作人员仍置之不理。

“小张，不要着急，行政复议这条维权路走不通，咱们向法院提请行政诉讼。车上载的生鲜物品如果因相关人员处置不当而毁损，咱们可以主张赔偿责任。”孙晓法向张继超劝慰道。

之后，孙晓法以某公路超限检测站行政执法违反《行政强制法》《行政处罚法》等法律规定为由，向某市人民法院提出行政起诉，要求法院确认某公路超限检测站行政执法行为违法，并对该违法行为给其造成的损失进行赔偿。孙晓法提起行政诉讼的事实和理由如下：

1. 执法人员未听取张继超的陈述和申辩。《行政强制法》第八条规定，公民、法人或者其他组织对行政机关实施行政强制，享有陈述权、申辩权；有权依法申请行政复议或者提起行政诉讼；因行政机关违法实施行政强制受到损害的，有权依法要求赔偿。本案中，张继超面对宋亮亮的执法行为，想要陈述事实并讲明情况时，被宋亮亮强行制止，宋亮亮侵犯了张继超的陈述权和申辩权。

2. 单人执法违反法定程序。根据《行政强制法》第十八条规定，行政机关实施行政强制措施应当由两名以上行政执法人员实施，并出示执法身份证件。本案中，某公路超限检测站在向张继超作出扣押决定时，现场具有执法资格的执法人员只有宋亮亮一人，不符合法定程序。

3. 扣押决定书的内容不符合《行政强制法》的规定。《行政强制法》第二十四条规定，行政机关决定实施查封、扣押的，应当履行本法第十八条规定的程序，制作并当场交付查封、扣押决定书和清单。查封、扣押决定书应当载明当事人的姓名或者名称、地址；查封、扣押的理由、依据和期限；查封、扣押场所、设施或者财物的名称、数量等；申请行政复议或者提起行政诉讼的途径和期限；行政机关的名称、印章和日期等事项。本案中，扣押决定书仅载明“因鲁A××××× 货运卡车载货超限，根据有关规定，扣车四十天”，并没有完全按照上述规定载明相关要求事项。

4. 扣押期限违反规定。《行政强制法》第二十五条规定，查封、扣押的期限不得超过三十日；情况复杂的，经行政机关负责人批准，可以延长，但是延长期限不得超过三十日。本案中，宋亮亮下达的扣押决定书中的扣押期限是四十天，明显是违法的。宋亮亮如需要延长扣押期限，需要事先取得行政机关负责人的批准。

5. 扣押程序违反规定。《行政强制法》第十八条规定，行政机关实施行政强制措施应当遵守下列规定：实施前须向行政机关负责人报告并经批准；由两名以上行政执法人员实施；出示执法身份证件；通知当事人到场；当场告知当事人采取行政强制措施的理由、依据以及当事人依法享有的权利、救济途径；听取当事人的陈述和申辩；制作现场笔录；现场笔录由当事人和行政执法人员签名或者盖章，当事人拒绝的，在笔录中予以注明；当事人不到场的，邀请见证人到场，由见证人和行政执法人员在现场笔录上签名或者盖章等。本案中，宋亮亮在未报告并取得行政机关负责人批准的情况下就实施了强制措施，且独立执法，不向当事人出示执法证件，未制作现场笔录，这些都明显违反了法定程序。

山东省某公路超限检测站执法人员宋亮亮出庭应诉，并对现场情况进行了说明：2017 年 4 月 10 日，张继超驾驶一辆大货车驶入超限检测站，经现场检测，张继超驾驶的货车载货量确实超重，因此作出了扣押货车的行政强制措施。宋亮亮未提供现场检测数据单作为证据。

后经法院审理，山东省某公路超限检测站执法人员宋亮亮在张继超驾驶的大货车未超限的情况下，单方作出扣押决定，现场亦未听取行政相对人张继超的陈述和申辩，扣押程序、扣押决定书内容、扣押期限均不符合《行政强制法》

的法律规定，因此判决山东省某公路超限检测站的行政强制扣押决定违法。

由本案例可知，行政机关在对行政相对人作出扣押强制措施时，应该严格依照《行政强制法》的程序性规定，保证两名以上执法人员执法，执法时出示执法身份证件，作出扣押决定书时要告知行政相对人作出扣押决定的理由、依据、期限以及其依法享有的陈述、申辩等权利和救济途径。

6. 强制拆除须谨慎　法定程序不可违

张甲是某市好日子毛巾厂厂长，在某市老城区有一处生产厂房。近期降雨天气偏多，再过三个月就到梅雨季节，在厂里工人的建议下，张甲决定在厂房内自建一处钢构雨棚，方便工人存放电动车、摩托车等交通工具。

2015 年 4 月 15 日，老城区城市管理行政执法局（以下简称老城区城管局）大队长孙丙在巡查过程中发现好日子毛巾厂内在建的钢构雨棚，便找来张甲。

“你厂内在建的钢构雨棚属于违法建筑，马上停止建设行为并拆除！”孙丙说道。

“孙队长，这钢构雨棚是给厂里职工存放电动车、摩托车用的，你看这段时间一直下雨，过两三个月又到了梅雨季节，工人们的电动车放在外面淋雨容易导致漏电，不安全啊。我这也是给工人谋福利，您就通融一下！”张甲笑着对孙丙说道。

“违建就是违建，好的出发点不能改变违法的事实。限你一周内将雨棚拆除，不然我们就要实施强拆了啊！”孙丙说完就转身离去。

张甲寻思着雨棚是在自己厂房内建设，而自己与城区相关部门签署了厂房用地协议，属于合法用地，就没有将孙丙的警告放在心上。

2015 年 4 月 22 日，孙丙带队再次来到好日子毛巾厂巡查，发现厂房内的钢构雨棚仍在搭建，便作出《责令改正通知书》，认定张甲搭建钢构雨棚的行为已经违反《城乡规划法》第四十条第一款之规定，责令张甲立即停止上述行为，并限其于 2015 年 4 月 27 日前自行改正。

张甲看到《责令改正通知书》后十分生气：“我在自己的厂房内搭建为员工避雨的雨棚怎么就成违建了？我就是要建，敢强拆我就去告你们！”

2015 年 5 月 28 日，张甲厂房内的钢构雨棚搭建好并开始使用。2015 年 8 月 13 日，老城区城管局强制拆除了上述雨棚。

一天，张甲和法律顾问杨乙吃饭。

“张总，看你心情不好啊，有什么不好处理的事情吗？”杨乙问道。

“过来找你肯定是遇到麻烦了。”张甲苦笑道，“半年前我在厂房内给职工搭建了个钢构雨棚，后来被老城区城管局当作违建给强制拆除了。这半年来我一直去城管局找说法，可就是没进展。”

“具体什么时间拆除的你还有印象吗？把强制拆除的过程给我详细讲一讲。”杨乙说道。

张甲将搭建钢构雨棚、老城区城管局强制拆除雨棚的前因后果及具体细节都告诉了杨乙。

“老城区城管局虽然有执法权，但是强制拆除钢构雨棚的行为肯定是违反了《行政强制法》的法定程序的。强拆行为发生的时间比较久了，咱们先申请行政复议试试看，行政复议不行的话咱们就去法院起诉。”杨乙说道。

“好，都听你的。”张甲说道。

2016 年 1 月 22 日，某市好日子毛巾厂不服老城区城管局的强制拆除行为，向老城区人民政府提起行政复议申请。2016 年 3 月 31 日，老城区人民政府作出《驳回行政复议申请决定书》，认为某市好日子毛巾厂已经超过了法定的申请期限，驳回了某市好日子毛巾厂的行政复议申请，某市好日子毛巾厂不服，于 2016 年 4 月 20 日提起行政诉讼。

“孙队长，我这边有个行政诉讼的案子得向你了解下情况。”赵丁来到孙丙办公室。

孙丙将强制拆除好日子毛巾厂钢构雨棚的前因后果和细节告诉了赵丁，并问道：“赵科长，咱们能不能胜诉？”

“好日子毛巾厂的起诉已经超过诉讼时效了，咱们也有相应的执法权，胜诉应该没什么问题。”赵丁自信地说道。

该案在老城区人民法院依法开庭审理。庭审中，该案主要有两个争议焦点：1. 某市好日子毛巾厂的起诉是否超过起诉期限；2. 老城区城管局的强制拆除行为是否合法。

老城区人民法院认为：关于争议焦点 1，《最高人民法院关于执行〈中华人民共和国行政诉讼法〉若干问题的解释》第四十一条第一款规定：“行政机关作出具体行政行为时，未告知公民、法人或者其他组织诉权或者起诉期限的，起诉期限从公民、法人或者其他组织知道或者应当知道诉权或者起诉期限之日起计算，但从知道或者应当知道具体行政行为内容之日起最长不得超过 2 年。”本案中，老城区城管局于 2015 年 8 月 13 日强制拆除某市好日子毛巾厂雨棚时未告知其诉权或者起诉期限，起诉期限应从其知道或者应当知道诉权或者起诉之日起计算，故某市好日子毛巾厂的起诉未超过起诉期限。关于争议焦点 2，根据《某省城市管理领域相对集中行政处罚权办法》第十二条之规定及某省人民政府法制办公室文件《关于同意在老城区城市管理领域开展相对集中行政处罚权工作的批复》第二条和《某省城市建设监察条例》第八条之规定，老城区城管局作为在城市管理领域行使集中行政处罚权的行政机关，具有依法查处违法建设行为和行使建设监察的职权。本案中，某市好日子毛巾厂违法建设钢构雨棚的行为事实清楚，老城区城管局发现上述违法建设后，依法向其下达责令改正通知书，某市好日子毛巾厂在规定的时间内未自行改正，老城区城管局依法行使建设监察职责，采取措施、强制拆除、恢复原状，并无不当，故某市好日子毛巾厂的诉请没有事实和法律依据，不予支持，遂判决驳回某市好日子毛巾厂的诉讼请求。

张甲不服老城区人民法院的判决，于是委托杨乙向市中级人民法院提起上诉。

在法庭上，某市好日子毛巾厂代理律师杨乙称，案涉行政行为程序违法，《责令改正通知书》并非行政处罚，该通知书下达时孙丙也未告知张甲救济途径，因此该通知书不具有行政强制力。老城区城管局在未下达任何行政处罚书的情形下，直接强制拆除某市好日子毛巾厂的雨棚，违反了法定程序。即使法院认定案涉行为系行政强制行为，老城区城管局也应当严格遵守《行政强制法》第十八条的相关规定。案涉雨棚并不属于《城乡规划法》管理范围，该雨棚仅为一侧建筑。老城区城管局予以强制拆除系滥用职权。综上，老城区城管局强行拆除案涉雨棚行为违法。请求二审法院撤销原判，改判确认老城区城管局强制拆除某市好日子毛巾厂雨棚及围墙的行为违法，并要求本案诉讼费由老城区城管局负担。

老城区城管局代理人赵丁答辩称，案涉行政行为认定事实清楚，适用法律正确，具体理由如下：老城区城管局具有明确的职权依据。依据《某省城市建设监察条例》及某省建设厅《关于建设行政执法中几个问题请示的答复》的相关规定，老城区城管局具有行使建设监察的职权，有权制止正在进行的违法建设行为，对拒不停止违法行为的，可以采取措施、恢复原状。《责令改正通知书》是行使建设监察权的一个中间环节，表明老城区城管局已经按照《某省城市建设监察条例》对其违法行为进行责令停止建设的告知。案涉雨棚系正在进行建设的违法建筑物，该违法行为对规划实施造成了不良影响。张甲经书面通知后仍不理睬，为避免违法后果继续扩大，老城区城管局依法行使制止违法行为权和现场处理权，对国家及某市好日子毛巾厂都有益处。某市好日子毛巾厂位于城市规划区内，并非不受《城乡规划法》的调整和制约，其诉称无法律依据。综上，请法院依法驳回某市好日子毛巾厂的上诉，维持原判。

某市中级人民法院组成合议庭进行审理。经审理，法院认为，根据《行政强制法》第二条第三款规定，行政强制执行，是指行政机关或者行政机关申请人民法院，对不履行行政决定的公民、法人或者其他组织，依法强制履行义务的行为。本案中，老城区城管局认为某市好日子毛巾厂未履行该局要求其停止建设及自行改正的行政决定，于2015年8月13日实施案涉强制拆除的行为符合上述规定的情形，故该强制拆除行为属于行政强制执行。

依照《行政强制法》第三十五条、第三十六条、第三十七条、第四十四条有关行政机关强制执行程序等规定，行政机关在实施强制执行前，应当依法履行事先催告，告知当事人陈述、申辩权，听取当事人陈述申辩意见，制作强制执行决定并公告等法定程序，老城区城管局在未履行上述法定程序的情形下，直接实施强制拆除行为程序违法。同时，老城区城管局并未提交相关证据证实案涉雨棚及围墙系正在进行建设的违法建筑，故其实施强制拆除行为事实不清、证据不足。

《城乡规划法》第六十八条规定："城乡规划主管部门作出责令停止建设或者限期拆除的决定后，当事人不停止建设或者逾期不拆除的，建设工程所在地县级以上地方人民政府可以责成有关部门采取查封施工现场、强制拆除等措施。"据此，本案中，老城区城管局实施强制拆除行为应当取得老城区人民政府批复，即经过老城区人民政府责成后，方有权实施强制拆除行为。老城区城管局在未经老城区人民政府批复的情况下直接强制拆除案涉雨棚及围墙的行为，违反了上述规定。老城区城管局代理人赵丁辩称，依据某省建设厅《关于建设行政执法中几个问题请示的答复》，该局有权制止正在进行的违法建设行为，对拒不停止违法行为的，可以采取措施、恢复原状。该答复内容的前提是在遵循《行政强制法》《城乡规划法》等强行性规定的程序下可以实施"采取措施、恢复原状"等行为，而非在违反法定程序下即可以直接采取相关措施。故老城区城管局认为其依据上述答复即可直接实施案涉强制拆除行为无法律依据。

综上，老城区城管局实施案涉强制拆除行为认定事实不清、证据不足、程序违法，原审判决错误，法院予以纠正，并判决老城区城管局对某市好日子毛巾厂雨棚及围墙的强制拆除行为违法。

7. 婚宴贪杯致酒驾　强制措施来惩罚

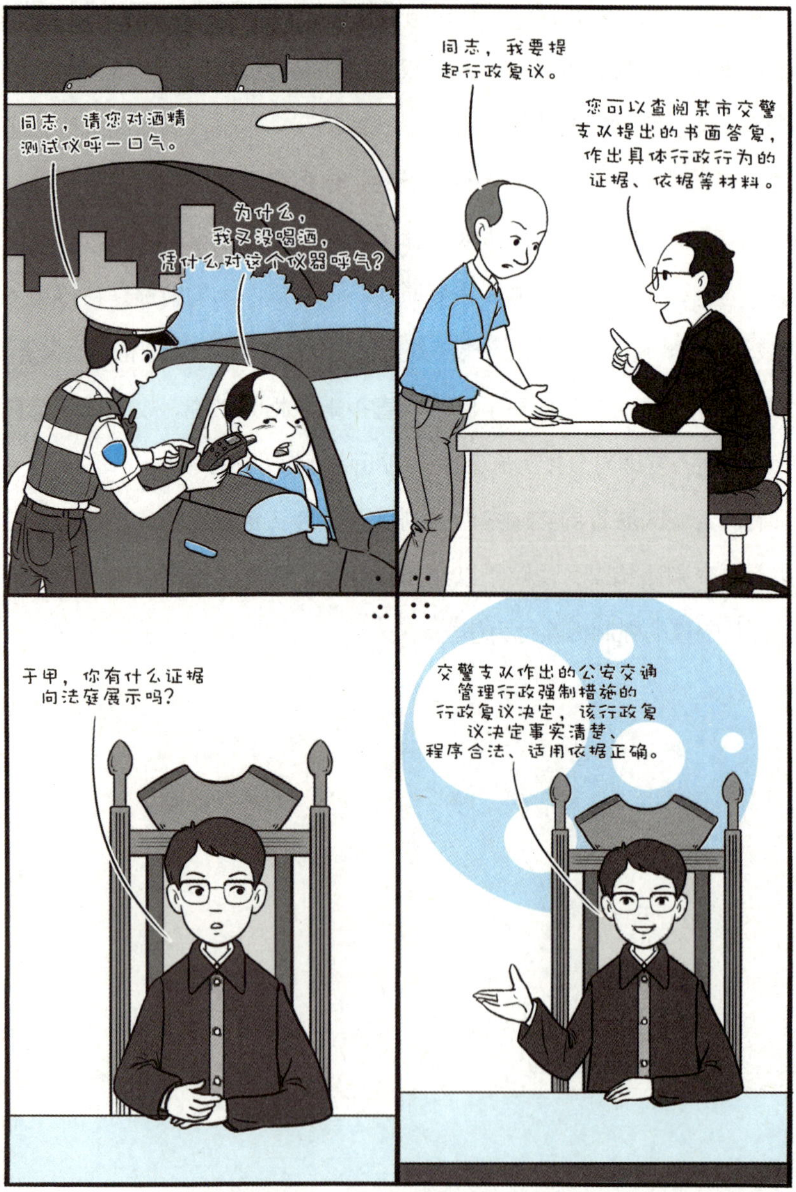

2014 年 12 月 3 日晚，于甲驾车参加同学婚宴，席间因见到许多老同学分外高兴，便喝了几瓶啤酒。婚宴结束后，于甲驾车回家，车辆沿某市紫阳街由北向南行驶至紫阳桥下时，遇到某市公安局交通警察支队（以下简称某市交警支队）交通警察刘乙执勤检查。

“同志，请出示您的驾驶证和行驶证。”刘乙看到一辆车的司机主动摇上车窗有些可疑，便上前盘查询问。

“好的，交警同志，你稍等。”于甲开口说道。

于甲开口后，刘乙便闻到了酒气，于是要求于甲进行呼气式酒精测试：“同志，请您对酒精测试仪呼一口气。”

“为什么，我又没喝酒，凭什么对这个仪器呼气？”于甲心虚地说道。

“同志，现在没说您一定喝了酒，只是例行检查，还请您配合！”刘乙说道。

“既然不确定我喝酒，凭什么让我对着这个仪器呼气，我不呼！”于甲拒绝道。

刘乙无奈，遂带于甲到某市中医院抽取血样，并委托某市公安司法鉴定中心对其血样进行检验鉴定，经鉴定：其血液中乙醇（酒精）含量为 174mg/100ml。

“根据《道路交通安全法》第九十一条规定的饮酒后驾驶机动车的，处暂扣六个月机动车驾驶证，并处一千元以上二千元以下罚款。因饮酒后驾驶机动车被处罚，再次饮酒后驾驶机动车的，处十日以下拘留，并处一千元以上二千元以下罚款，吊销机动车驾驶证和第一百一十条规定的执行职务的交通警察认为应当对道路交通违法行为人给予暂扣或者吊销机动车驾驶证处罚的，可以先予扣留机动车驾驶证，并在二十四小时内将案件移交公安机关交通管理部门处理的规定，现在向你出具《公安交通管理行政强制措施凭证》，并扣留机动车驾驶证。”刘乙向于甲说道：“行政强制措施凭证上载明了你应当享有的权利和救济途径等，请确认无误后在当事人一栏签名。”

于甲在《公安交通管理行政强制措施凭证》上签字确认后，离开了医院。

2015 年 1 月 7 日，于甲来到某市人民政府（以下简称市政府）行政复议大厅，以对某市交警支队 2014 年 12 月 3 日作出的《公安交通管理行政强制措施凭证》

不服为由，提起行政复议申请，请求撤销该行政强制措施。市政府负责行政复议工作的周丙接待了于甲。

“同志，我要提起行政复议。”于甲将某市交警支队民警刘乙作出行政强制措施的过程告诉周丙，并提交了行政复议申请书。市政府决定受理并向于甲送达了行政复议受理通知书。后某市交警支队向市政府提交了书面答复及作出具体行政行为的证据、依据和有关材料。周丙向于甲送达了行政复议答辩材料查阅通知书，告知其可以查阅某市交警支队提出的书面答复，作出具体行政行为的证据、依据等材料。

2015 年 1 月 27 日，周丙收到通知，因于甲涉嫌危险驾驶罪被公安机关立案侦查，中止审理于甲的行政复议申请。中止原因消除后，2016 年 4 月 6 日，周丙恢复对于甲行政复议申请的审理工作。经审查，周丙认为某市交警支队刘乙作出的行政强制措施事实清楚，程序合法，适用依据正确，遂作出维持某市交警支队作出的公安交通管理行政强制措施的行政复议决定，并分别送达于甲和某市交警支队。

于甲对某市交警支队、某市政府作出的道路交通管理行政强制措施及行政复议决定不服，向法院提起行政诉讼。某市人民法院法官赵丁作为主审法官，对该案进行了审理。

庭审中，于甲称：“2014 年 12 月 3 日 22 时 51 分，我在饮酒后驾驶浙 A ××××× 号小型轿车上路行驶，至某市紫阳街紫阳桥下时，被民警刘乙查获涉嫌酒后驾车。为此，刘乙当即决定对我采取扣留驾驶证、检验血液的行政强制措施，并带我到某市中医院抽取血样。之后，刘乙才向我开具《公安交通管理行政强制措施凭证》。”根据我国法律规定，扣留驾驶证、检验血液 / 尿样，系行政强制措施。但民警刘乙在实施本案所涉强制措施时，除在行政措施实施完毕之后才制作行政强制措施凭证外，还存在严重违反《行政强制法》第十八条、第十九条规定的情形。

“鉴于某市交警支队民警刘乙的上述严重违法行为，我于 2015 年 1 月 7 日向市政府工作人员周丙提出行政复议申请，要求市政府查明事实，依法裁决。但周丙无视相关证据所反映的客观事实，以及我国法律的明文规定，无原则地袒护某市交警支队的违法行为，作出了错误的决定。为维护我的合法权益，保证行政机关依法行使行政职权，请求法院判决：确认某市交警支队的行政强制措施违法；撤销某市交警支队作出的扣留我机动车驾驶证的行政强制措施；撤销市政府作出的维持某市交警支队具体行政行为的复议决定；两被告承担本案全部诉讼费用。”

“于甲，你有什么证据向法庭展示吗？”主审法官赵丁问道。

“没有。”于甲答道。

“被告某市交警支队，你有什么意见？”主审法官赵丁继续问道。

“审判长，首先，交警支队对于甲采取行政强制措施符合法律规定。2014年12月3日22时51分许，民警刘乙在进行例行执勤检查时，于甲涉嫌酒后驾驶机动车，并拒绝进行呼气式酒精测试，根据《道路交通安全法》第九十一条和第一百一十条的规定，民警刘乙当场采取强制措施并无不当。其次，民警刘乙对于甲采取强制措施的程序合法。《行政强制法》第十九条规定，情况紧急，需要当场实施行政强制措施的，行政执法人员应当在二十四小时内向行政机关负责人报告，并补办批准手续。本案中，由于于甲涉嫌酒驾且不配合例行检查，情况紧急之下，民警刘乙当场采取行政强制措施，并在24小时内向支队领导报告，补办了批准手续。同时，在查处过程中，有两名以上民警，不存在没有两名执法人员的情形。民警刘乙在执行职务时，携带了人民警察证、身穿人民警察制式服装、使用警用车辆，民警的操作符合有关规定。刘乙在实施行政强制措施时，向于甲出具了载有违法事实、扣证理由、依据及相关权利的强制措施凭证，于甲对强制措施凭证记载内容并无异议。综上，民警按照法定程序扣留于甲的机动车驾驶证，不存在于甲所称‘采取行政强制措施严重违法’的问题。”

随后市交警支队代理人员向法庭提交了民警刘乙执法情况说明、现场调查笔录、行政强制措施凭证、行政强制措施审批表、警察证（复印件）等证据。

“被告市政府有什么答辩意见吗？”主审法官赵丁问道。

“审判长，市交警支队的答辩已经说明其作出的行政强制措施合法。我方工作人员周丙在收到于甲的行政复议申请后，决定受理并向于甲送达行政复议受理通知书。后分别在法定期限内向于甲送达了行政复议答复通知书和行政复议答辩材料查阅通知书。后因于甲涉嫌危险驾驶罪被公安机关立案侦查，该案于2015年1月27日起中止审理，中止原因消除后于2016年4月6日恢复审理。经审查，周丙认为某市交警支队作出的公安交通管理行政强制措施事实清楚，程序合法，适用依据正确，遂作出维持某市交警支队作出的公安交通管理行政强制措施的行政复议决定，该行政复议决定事实清楚、程序合法、适用依据正确。”

随后，市政府代理人员向法庭提交了行政复议申请书、行政复议案件受理通知书及送达回证、行政复议答复通知书及送达回证、行政复议答辩材料查阅通知书及送达回证、行政复议决定书及送达回证等证据。

经审理查明，某市交警支队作出的《公安交通管理行政强制措施凭证》事实清楚，程序合法，适用法律法规正确。市政府作出的复议决定程序合法，复议决定适用的法律法规依据正确。法院驳回于甲的诉讼请求。

本案中，行政相对人于甲与某市交警支队和市政府的争议焦点主要在于交警支队作出的《公安交通管理行政强制措施凭证》是否合法，以及市政府作出的《行政复议决定书》是否合法。只要行政机关在作出行政强制措施或者行政复议决定时是严格按照《行政强制法》《行政复议法》等法律规定的程序的，就能经得起行政相对人和司法机关的检验，就能更好地促进行政机关依法行政，促进法治政府的建设。

8. 营运车辆经许可　莫待罚款空悔恨

陈甲是某市某区节节高家政公司的一名水电维修工，因每天从事的工作又脏又累，收入也不高，陈甲便不愿再继续长干下去。一天在和朋友吃饭时，他听说在某网约车平台开车每个月能挣五六千元，工作时间也自由，便辞掉家政公司水电工的工作，做起了某网约车平台的司机。

陈甲刚开始做网约车司机的时候，每天就围着家附近的商圈接单，工作不算辛苦，收入很可观。但开车时间长了，陈甲的存在影响了周围运营出租车司机的收入，便经常遭到出租车司机的刁难。不过看在收入稳定的分儿上，陈甲也不在意。

2016 年 5 月 8 日 22 时，陈甲接到某网约车平台的派单，显示某 KTV 门口有人用车，陈甲便驾车前往。

“师傅，我在某 KTV 门口的辅路上，麻烦你快一些！”乘客赵丙等了 5 分钟后便拨通了陈甲的电话。

“好的，您稍等，过了红绿灯路口我就到 KTV 门口了。”陈甲答道。2 分钟后，陈甲来到某 KTV 门口看到了在辅路等车的赵丙。陈甲将车停在赵丙面前，正待赵丙上车时，两辆出租车快速行驶到 KTV 门口，一前一后将陈甲的车堵在中间。

“你们这是干什么！为什么要堵我的车啊？！”陈甲下车理论。

“堵的就是你！你有营运资格吗？我们在这排了半个小时的队等着载客，你这直接插队载客，不堵你堵谁？”王乙气愤地说道。

“我来接朋友，关你们什么事儿！快让开！”陈甲说道。

“接什么朋友！你明明是非法营运，别想走，我马上打电话举报你！”赵乙说道。

三人在 KTV 门口争执不下，陈甲拨打了某网约车平台客服寻求帮助。

“您好，我是咱们的网约车司机，我按照平台派单在某 KTV 门口接乘客，却被两名出租车司机堵在门口不让走，您看能不能派人过来帮忙解决一下？”陈甲着急地问道。

“建议您直接报警，让警察过来按照正规程序处理即可。”在了解了相关情况并核实陈甲车主信息后，某网约车客服人员答道。

“你找谁都没用，今天就是要举报你，你等着相关部门处罚吧！”赵乙说道。

无奈之下，陈甲拨打了 110 报警电话，“你好，是我报的警，我是某网约车司机，有两名出租车司机堵我的车，麻烦你们尽快出警来处理一下。”

110 接警中心接警后，将电话移交到某区交通运输局运政稽查大队（以下简称某区稽查大队）处理。10 分钟后，某区稽查大队大队长周丁带领执法人员来到 KTV 门口，发现牌号为苏 A××××× 的小轿车被两辆本地出租车围堵，车边有三人正在争吵。周丁将三人分开，查看了陈甲的身份证、驾驶证。

在了解相关情况后，周丁认为陈甲涉嫌非法营运，便向陈甲问道：“赵丙和你是什么关系，你这么晚过来接他？”

陈甲支支吾吾说不出话。周丁决定先将陈甲的车带回稽查大队，便向陈甲出具了《证据先行登记保存处理决定书》和证据登记保存清单，对陈甲所有的牌号为苏 A××××× 的小轿车进行了证据先行保存登记。周丁对陈甲询问后现场作了记录，要求陈甲在询问笔录上签字时遭到陈甲拒绝。

2016 年 5 月 9 日，某区稽查大队大队长周丁找来乘客赵丙，出租车司机赵乙、王乙询问谈话，证实了陈甲涉嫌通过某网约车平台非法营运的情况。周丁为三人分别作了询问笔录，并由三人在询问笔录上签字。

2016 年 5 月 16 日，某区稽查大队作出《交通运输行政强制措施决定书》，对陈甲所有的车辆作出中止车辆运行的强制措施，并将《交通运输行政强制措施决定书》和随车物品清单送达陈甲。

为了进一步向陈甲了解具体情况，5 月 17 日，周丁找陈甲询问谈话：“陈先生，我们现在怀疑你涉嫌无证非法营运，你能否向我们解释一下？”

“没什么好说的，我那天晚上是去接朋友了。”陈甲答道。

“那你能否向我们提供你的银行卡交易记录，方便我们核实下你与某网约车平台是否有结算情况，以进一步判断你是否存在非法运营行为。”周丁继续问道。

陈甲拒绝了周丁的要求。

周丁无法从陈甲处获得有用信息，转而向某区公安分局 110 指挥中心调取了陈甲当晚的报案通话录音，调取了约车人赵丙的手机通话记录，并且复制了该汽车行车记录仪的相关内容。根据以上证据确定陈甲非法营运后，某区稽查大队于 6 月 13 日向陈甲出具《违法行为通知书》并将文书送达陈甲。

6 月 15 日，某区稽查大队向陈甲出具了《行政处罚决定书》并送达陈甲。《行政处罚决定书》载明：陈甲因未取得公共客运经营权而从事非法营运的行为违反了《某市公共客运管理条例》第二十一条第一款的规定，应依法处以五千元以上五万元以下罚款，遂决定对陈甲处以九千元罚款。同日，某区稽查大队向陈甲出具了《交通运输行政强制措施解除决定书》，解除对陈甲车辆实施中止车辆运行的行政强制措施。

陈甲不服某区稽查大队作出的行政处罚决定，于 2016 年 6 月 17 日向法院提起行政诉讼。

法院经审理认为，根据《某市公共客运管理条例》第三条第一款及第五十六条第（四）项的规定，被告某区稽查大队作为某区交通行政主管部门所属的运输管理机构负责该辖区范围内公共客运的日常管理工作，具有对某区公共客运市场的违法运营行为进行查处的法定职责。

《某市公共客运管理条例》第二十一条第一款规定，公共客运经营实行许可制度。从事公共客运经营，应当向交通运输行政主管部门申请取得公共客运经营权。该条例第五十七条规定，未取得公共客运经营权从事公共客运经营活动的，由运输管理机构中止违法运营车辆运行，并责令当事人在规定期限内到指定地点接受处理。该条例第六十条规定，违反本条例规定，有下列情形之一的，由运输管理机构责令停止违法行为，处以五千元以上五万元以下罚款，有违法所得的没收违法所得：（一）未取得公共客运经营权从事运营的；（二）将没有公共客运营运证的车辆投入运营的；（三）擅自变更运营方案、暂停或者终止运营的。《行政处罚法》第三十七条第二款规定："行政机关在收集证据时，可以采取抽样取证的方法；在证据可能灭失或者以后难以取得的情况下，经行政机关负责人批准，可以先行登记保存，并应当在七日内及时作出处理决定，在此期间，当事人或者有关人员不得销毁或者转移证据。”

本案中，某区稽查大队接到投诉后，立即派执法人员进行执法检查并立案，通过证据先行登记、调查、询问、采取行政强制措施、调取证据等程序，最终认定陈甲于2016年5月8日驾驶苏A××××× 号车实施了未取得公共客运经营权从事非法运营的行为，依据《某市公共客运管理条例》规定对原告作出行政处罚。陈甲提出其当晚系接家属，某区稽查大队提供的证据无法认定原告进行了非法运营，该主张与某区稽查大队提供的约车人赵丙的笔录、通话记录、行车记录仪视频录音、110报警记录等证据相悖，且陈甲不能提出相反的证据予以证实，故其主张法院不予支持。综上，某区稽查大队作出的行政处罚决定事实清楚，适用法律正确，程序合法，行为适当。陈甲要求撤销某区稽查大队作出的《行政处罚决定书》的诉讼请求，缺乏事实和法律依据，法院不予支持。

我国对公共客运经营实行许可制度，一方面，能够方便交通管理行政机关对营运车辆进行管理，维护良好的社会秩序。交通管理行政机关对营运车辆进行总体把控，能够严格控制营运车辆使用情况、营运人员基本素质等因素，维护社会稳定。另一方面，实行许可制度能够更好地保障乘客的人身和财产权益。营运车辆都有正规公司进行经营管理，并按法律规定购买了商业保险和交通强制险。营运人员的身份透明，基本素质能够得到保证。当发生交通意外或其他情况时，乘客的权益能够得到相应保障。因此，从事公共客运经营，应当向交通运输行政主管部门申请取得公共客运经营权。

贰

纠纷调解与法律援助篇

9. 交通事故引争议　调解赔偿得平息

杨勇从事货物运输个体经营，他个人拥有数辆重型载货汽车，雇了几位专职司机来帮他跑长途，有时杨勇也亲自跑长途货运。2010 年以来生意非常好，他和司机们都忙得不可开交。2011 年 11 月，出于业务需要，杨勇新雇用了一名 20 岁出头的年轻小伙子小于当司机。一天，杨勇接到了一单业务，需要给邻省阳高县的一个食品加工厂运送几台设备，这个食品加工厂的位置比较偏僻，小于从来没有跑过这条路。本来杨勇要和小于一起跑这趟运输，但临出发时自己又有其他着急的事情，于是请了自己的一位好朋友付连军帮忙，陪小于一起去送一趟设备。付连军曾经去过阳高县，因此对路况还比较熟悉，有他来做小于的副驾驶，杨勇觉得非常放心。出发前，杨勇还一再叮嘱他们路上要小心。

初冬的北方夜幕早早降临，离出发已经有四个小时了，由于路途比较远，一路上小于将车开得很快，付连军提议靠边停车休息一会儿，对小于说："再有一个小时就快到了，我们停车休息一阵吧，你已经开累了。"小于刚刚为杨勇打工，急于表现，非常肯定地对付连军说他没问题，还是一直开到目的地以后再吃饭休息。付连军想了想，也就同意了。

没想到，当走到某省道一个拐弯处时，小于为了躲闪前边驶来的一辆小轿车，猛地向右打方向盘，大货车顿时失控，冲向路边，将一棵柳树撞断后停了下来，副驾驶室严重变形，付连军当场死亡。后来，交警出具了事故责任认定书，认为事故发生的主要原因是小于疲劳驾驶，没有注意到前方来车，致使会车时处置不当造成事故。

让杨勇倍感心痛的是付连军的意外死亡，他对付连军的家人感到深深的愧疚，之前他为了扩大生意规模，还向付连军借了 30 万元用于购车，当时付连军四处向亲戚借钱才帮杨勇凑够了 30 万元。杨勇主动向付连军的家人提出赔偿，但是由于一段时间以来生意都很好，杨勇把闲钱都投入经营，购买了新车，手头没有多余的钱，所以他提出的赔偿数额并没有让付连军的家人感到满意。面对付连军家人提出的 100 万元的赔偿要求，杨勇感到无能为力，付连军的家人说如果杨勇不能赔偿，他们将向法院起诉，到时候法院拍卖杨勇的车队，也要把这个钱凑齐。百般无奈下，杨勇主动找到街道人民调解委员会，请求人民调解员出面，帮他说服付连军的家人。

人民调解员周永利找到付家人了解死者家属的诉求。周永利敲了敲门，付家人开门后，周永利主动介绍自己说：“您好，我是咱们街道人民调解委员会的调解员周永利，这是我的工作证，我想和您聊聊你们家和杨勇的事。”开门的正是付连军的妻子张银花，她看了看周永利的工作证，略带疑惑地问他：“人民调解委员会是干什么的？我的事你们能为我做主吗？”周永利看她对人民调解委员会并不了解，于是热情地解释道：“这人民调解委员会是咱们街道自发设立的一个组织，国家有专门的人民调解法，人民调解委员会就是根据这个法设立的，我们虽不是政府工作人员，只是一个群众性的组织，但是我们的调解结果是受法律保护的，对解决您的纠纷有很大帮助。”张银花听周永利说得振振有词，也明白了他的来意，听到对解决自己和杨勇的纠纷有帮助，就主动请周永利进家来详谈。

周永利走进家后，来到客厅，只见家里虽不算豪华，但也井井有条，应有尽有，在西面的墙上摆放着付连军的遗像，他暗自想：“这原本应该是非常幸福的一个家庭，可惜天有不测，让这个家庭承受如此大的伤痛。”张银花招呼周永利坐在沙发上，自己去给他倒茶。周永利连忙说：“不用了，您也请坐吧！唉，真是可惜啊，连军这么年轻，就这样早早地走了，请您节哀顺变，要保重身体。”张银花听后，默默地流着泪，一边端茶一边说：“谢谢您，这事都不能去想，一想我这心就如刀绞，好端端的一个人……”张银花说不下去了，哽咽了起来。周永利忙打断她说：“逝者安息，生者坚强，你们要好好地生活，这样才是连军希望看到的呀！”张银花点点头，不再说什么了。过了一会儿，见她平静了些，周永利接着说：“你们家和杨勇的事，我听杨勇说了些，他主动找到了人民调解委员会，希望我们出面帮你们调解此事，他也挺愧疚的，希望尽其所能地补偿你们。”听到杨勇的名字，张银花突然又激动起来，她大声说：“都是因为他，才把我们害成这个样子，还不愿意赔偿，我要起诉他！”周永利心想，张银花现在明显还对杨勇存在对立情绪，这样不利于进一步调解，必须先消除这种对立，于是说："您先冷静一下，您这样说也不准确，杨勇是主动提出要赔偿的，你们两家只是对赔偿的数额没有谈妥。"他顿了顿，接着说："这事发生后，你们也接触过，杨勇对此也是十分的内疚，这你也是知道的。毕竟他和连军原来是非常好的朋友，他也不希望看到这样的事情发生，他感到非常痛心，找到我说必须给你们经济赔偿，再说连军是个经验丰富的老司机，也有一定过错，如果他能小心一点，坚持休息，或许就可以避免事故的发生了。"见张银花低下了头，周永利继续说："出了这样的事大家都不好受，你难过，杨勇也很难过，两家人原本是多年的交情，出了这事杨勇也没有逃避责任，所以最好双方都冷静下来，好好处理这件事情，以后还是要交往的嘛。"听到这里，张银花叹了一口气，说："您说的这些，我都知道，可我就是觉得不能原谅他。"周永利说："杨勇虽然有责任，但也不能说这事就全都是他的错，谁都不希望这样的结果发生，出了事情只能去勇敢地面对它，冷静地解决问题。"

来付家前，周永利已经从杨勇那里了解到，张银花要求的赔偿数额是 100 万元，远远超出杨勇提出的 50 万元的数额。周永利想这只是一个数额的问题，如果两家都让一些步，应该可以谈妥，于是他说："杨勇的意思是他现在手头没有特别多闲钱，以前的一点积蓄都买了车队了，现在资金紧张，一下子也拿不出太多钱，就算他四处去借也只能凑够 50 万元……"张银花立马打断了周永利，说："必须赔 100 万元，一分都不能少，我们家人没了，他还惦记着自己的生意，他就是卖车也得赔！"周永利说："您看，虽然从法律上讲，杨勇应当进行赔偿，人家也愿意赔偿，但是人家想继续做生意也是说得过去的啊，该赔的赔，生活还要继续，一味地撕破脸皮和他对着干也不好，毕竟看在你们多年交情的分儿上，只要双方冷静地把这个事解决了就好，以后还是要做朋友的。"在消除张银花对立情绪的同时，周永利也耐心地给她讲起我国法律关于人身损害赔偿的规定来，他说："根据《最高人民法院关于审理人身损害赔偿案件适用法律若干问题的解释》第十七条的规定，受害人死亡的，赔偿义务人除应当根据抢救治疗情况赔偿因就医治疗支出的各项费用外，还应当赔偿丧葬费、被扶养人生活费、死亡补偿费以及受害人亲属办理丧葬事宜支出的交通费、住宿费和误工损失等其他合理费用。但是这些钱算下来，30 万元也差不多了。他现在提出了 50 万元的赔偿数额你为什么还不接受呢？”张银花听周永利这么一算，也不知该说什么了，毕竟这是依据法律计算得出的赔偿数额，她所主张的 100 万元也是得不到法律的支持的。张银花想了想，对周永利说：“那杨勇必须先归还付连军生前借给杨勇的 30 万元人民币及利息，然后才能谈死亡赔偿的事情。”周永利问：“哪来的 30 万元？”张银花说：“是 2010 年付连军借给杨勇的，当时杨勇说要买新车队，说好五年后归还本金和利息，我们家连军向亲戚四处去借才帮他凑够。”“好吧，我跟杨勇说，让他先还你 30 万元，至于死亡赔偿的数额我建议你还是再考虑考虑我的意见。”说完，周永利起身离开了付连军家。

周永利找到杨勇，对他说：“我找过张银花了，她对死亡赔偿的数额会重新考虑，但是她提出你必须先归还付连军曾经借给你的 30 万元本息。”杨勇说：“没有问题，那我就先还她这 30 万元，但是这样一来，那 50 万元的赔偿金就不能一次付清了，得分期给她。”周永利想了想，也觉得比较合理，就接受了杨勇的这个提议。后来，周永利向张银花转达了杨勇的条件，张银花也欣然接受了。周永利告诉他俩一起来街道办旁边一幢矮楼里的人民调解委员会办公室，达成最后的调解协议。

达成调解协议后，张银花说：“我们应该写个书面的东西吧，现在说好了，将来反悔该怎么办！”杨勇一听，心里虽然不悦，嘴上却说：“好啊，写成书面的调解协议也好，免得将来再生什么麻烦。”周永利准备了一张纸，将杨勇和张银花的基本情况，死亡赔偿纠纷的主要事实、争议事项以及两方当事人的责任写清楚，最后把双方达成调解协议的内容、履行的方式和期限写明，他说：“你们都看一看，一式三份，你们俩各拿一份，留一份给人民调解委员会，如果没有问题你们就签字、按指印吧！”杨勇粗略一看，就痛快地签上了自己的名字，张银花很仔细看了一遍才小心翼翼地签上了自己的名字。周永利也签上了自己的名字，并从抽屉里取出人民调解委员会的印章盖上，他说：“根据法律规定，调解协议书自各方当事人签名、盖章或者按指印，人民调解员签名并加盖人民调解委员会印章之日起就生效了，希望你们认真履行协议。”张银花想了想，疑惑地说：“如果他不履行了，我可以拿着协议向法院申请执行吗？”周永利解释道：“如果将来又发生争议了，你们中的任何一方都可以拿着这份调解协议书到法院起诉，法院会在审理过程中将这份调解协议书作为一份重要的证据。”周永利顿了顿，接着说：“根据《人民调解法》的规定，经人民调解委员会调解达成调解协议后，双方当事人认为有必要的，可以自调解协议生效之日起三十日内共同向人民法院申请司法确认，人民法院应当及时对调解协议进行审查，依法确认调解协议的效力。人民法院依法确认调解协议有效，一方当事人拒绝履行或者未全部履行的，对方当事人可以向人民法院申请强制执行。人民法院依法确认调解协议无效的，当事人可以通过人民调解方式变更原调解协议或者达成新的调解协议，也可以向人民法院提起诉讼。”张银花听周永利这么说，就对杨勇说：“我们去申请司法确认吧，这样调解协议书的法律效力更强。”杨勇为了早点结束纠纷，也就同意了。

看到两家人终于将矛盾化解，重归于好，周永利心里特别开心，他又一次亲身体会到了自己工作的价值。临走时，张银花对周永利说：“周大哥，谢谢您，我们的事让您费心了。您不仅热情地接待我们，而且是法律专家，对于这样的调解协议，我是心服口服。”杨勇也急忙说：“是啊，是啊，多亏了周大哥，这事迟迟不解决，我这心里也过意不去。人民调解委员会真是我们老百姓的贴心人啊！”

10. 邻里烟道引纠纷 巧妙调解化矛盾

夕阳西下，位于中国西北部的宋各庄村笼罩在一片朦胧的暮色之中，袅袅炊烟不断地升腾起来，把小村庄装点得格外安详和宁静。村庄上有100来户人家，祖祖辈辈都生活在这片土地上，这里的人们都很熟悉彼此，上点岁数的人对每家每户的家长里短都能娓娓道来。

在2009年的时候，村里几户人家都看上了位于村东北的一片狭长的地方，这个地方不大，但也还算平整，他们想在这里盖房子，有的是想自己住，有的是想给儿子娶媳妇盖新房。村民委员会考虑到大家的利益，就同意将这片土地拿出来作为宅基地。几户人家平时关系都不错，这次一起盖新房，几家一起采购材料，一起请瓦匠，还省下不少成本。赵子霖在最东边开始建，然后是张嵩家的房子，一排新房同时拔地而起，特别气派，远远看去与村子里的其他破旧的土窑比起来显得特别耀眼。大家的房子都是紧紧挨在一起，为了节省成本，同时也是村子里的老传统，除在最东边的赵子霖家既盖东墙又盖西墙外，其余依次建造的房屋，其主人只需要建自家屋子的西墙就可以了，自家的东墙就是东边邻居的西墙。在建房的过程中，张嵩找到赵子霖说："赵老弟啊，我打算给东房打铺炕，你看这烟道就只能从你家的西墙上过了，下次买材料时，我多分你一部分作补偿吧，你看怎么样？"听张嵩这么说，赵子霖倒显得不好意思了，他说："你这不是见外吗？还补偿什么，我直接在墙里给你留好烟道，反正啊我也不打算在西房住，就是放些粮食家具什么的，当库房使了。""那就太谢谢啦，真是远亲不如近邻呐，盖这房子问亲戚借点钱那脸拉得比什么都长！"张嵩十分感慨地说。赵子霖听了哈哈大笑，说："可不是吗，咱们在这村儿里相处多长时间了，平时我也没少麻烦你张大哥啊，这邻里就讲个互相方便，你方便我、我方便你，大家就都好了！"

于是赵子霖在建房时直接为张嵩预留了烟道，张嵩自己买了一个烟囱安到屋顶。张嵩建这房子几乎花光了他的全部积蓄，目的是给儿子张远娶媳妇用。随着新房的落成，张家的喜事也提上了日程，看着儿子欢天喜地把新娘娶回家，张嵩心里格外开心，几乎邀请了村子里的每一家人。

时间一晃而过，转眼过了三年，一天赵子霖找到老张，说：“我打算把房子卖掉，陪儿子到城里读高中，我自己也正好在城里打点工，总比在家种地强些。”老张听了，沉默了好一会儿，才说：“去吧，娃儿比什么都重要，不能让他们也像我们这样守在这个村子里过一辈子，只是你的房子卖给谁呢？”赵子霖说：“打算卖给村西头的王保国两口子，他们正想与老人分开住，也看上我的房子了。”老张说：“王保国是个倔驴子啊，人倒也忠厚，就是一根筋了些。”一个月后，赵子霖终于将自己的房屋以 3 万元的价格卖给了王保国，双方写了条子，算是房屋买卖合同。

张远看到新邻居来了，打算请王保国他们夫妇二人一起来家里吃个饭。虽说住在一个村子里，但两家人平时来往较少，张远想趁此机会多了解一下王保国夫妇，想着搞好关系了，将来在一起生活，抬头不见低头见的也方便些。酒桌上，王保国红光满面，对张远说：“张哥，别看我没读过什么书，但咱这人仗义，从来不让兄弟吃亏，不过最近啊我打算在西屋弄个炕，我们家孩子多，把西屋也利用起来才住得下啊，要不然老和我们两口子挤在一起也不是个事儿啊！你看这烟道，兄弟也得用，你就不要用了吧？”张远没有想到，第一次接触就要面对这么个麻烦事，想到父亲曾跟自己说王保国这人比较倔，也就不好意思当面说什么：“这事儿再说吧，来喝酒！”王保国酒意上来，也就没有再往下说什么，两家人吃罢，王保国夫妇回到了自己家中。

张远心里结了个疙瘩，心想这王保国肯定还要提烟道的事，可是自己也没有办法啊，当初建房子时跟赵叔就约定好了这事，这么多年一直用，总不能再把墙凿开弄个烟道吧。果不其然，没过几天王保国就主动找上门来，对张远说：“张哥，你把你家安的烟囱弄下来吧，我得换个大的，这两天炕快弄好了。”张远忙说：“不行啊，我这么多年一直在用，你不让我用，我怎么办啊？”王保国摸了摸脑袋，说：“那，那也没有办法是不，我买了这房子，用自己家墙的烟道没问题啊，你要不改用炉子吧？”张远一听，更着急了：“那你怎么不用炉子啊，这烟道我用得好好的，你怎么说不让用就不让用了！”王保国一愣，顿时恼了：

“这东西墙可都是我们家的，你用了我怎么用啊？我自己家的东西我说了还不算吗？”“那也不行，”张远毫不退让，“以前我跟赵叔家早约定好了由我用这烟道，不信你问他。”王保国嘿嘿冷笑一声，说：“问他什么啊，我自己花钱买的房子，我说了还不算数吗？”说罢，王保国转身朝院外走去，并大声说：“我限你三日自行拆除，要不然我就替你把这烟囱打烂了！”

张远也气得不轻，心想：“自己打这房子建成就这么使用了，以前可以，凭什么现在就不行了呢？”

张、王两家因此产生了矛盾，而且矛盾有激化的趋势，两家互不相让，有一次张远甚至拿着铁锹站在房顶上，并说如果王保国敢拆，他就用铁锹让他见见血。老张为了不让儿子吃亏，主动找到了位于村委会旁边的一排小屋，这里是宋各庄村人民调解委员会办公的地方。调解委员会主任老李正在看报，见老张进来，忙起身问他是什么事。老张把前因后果给老李说了一遍。老李说：“我这个人民调解委员会的主任也早坐不住了，正打算明天主动找上门去，对你们两家人进行调解呢，这倒好，你先来了，听你刚刚说的，我已基本了解了双方的矛盾。这样，你先回去吧，明天一早我去王保国家里说说看。”

老李在调查清楚事实的基础上，仔细查阅了我国相关法律的规定，发现在我国《民法通则》和《物权法》中，都有关于相邻关系的规定。例如，《民法通则》第八十三条规定，不动产的相邻各方，应当按照有利生产、方便生活、团结互助、公平合理的精神，正确处理相邻关系。《物权法》第八十七条规定，不动产权利人对相邻权利人因通行等必须利用其土地的，应当提供必要的便利。老李想：“根据法律的精神，邻居之间需要相互方便，不能不照顾彼此的实际情况，只一味地主张东西是自己的，自己想怎么处置就怎么处置。”明白了法律的相关规定，老李心里觉得有底了，他认为，对于这件事，王保国要理亏些，于是他第二天主动找到王保国家，他说：“王老弟，今天找你来呢就是想跟你聊聊你和张远家的事情，大家原本是一个村子的人，如今又有缘分做了邻居，有什么事不能说开呢？”

王保国一看村调解委员会的主任老李来了，态度也比较好，主动说：“您来得正好，您给评评理吧，我自己房子的烟道为什么就使用不得啊？”

老李说：“你看，这房子在你搬过来之前，老张家和原来的老赵家就约定好了，老张家的火炕得使用你们家的西墙排烟，这是历史形成的，虽然这西墙是你家的，但是咱们村的房子都是墙挨墙，每户人家只有西墙，东墙是别人家的，如果都不允许西边的人家使用自己家的西墙，那还能盖得起这房子吗？”

王保国说：“话虽这么说，但是我也得用啊，如果我用不着的话，老张他们家用没有问题，可是我现在也得用啊，那他们就得让一让了！”

老李说：“你不让他们用，那他们怎么办啊？”

王保国说：“那我不管。”

老李说：“理就在这里了，如果你不让他们用，那他们就没有办法正常生活了，两家共用中间一堵墙，需要本着方便生活、团结互助的精神来处理关系，也就是说别人不得不这么做的时候，你即便受点委屈也要照顾一下，只要对方在合理必要的限度内就行。”

看王保国沉默不语的样子，老李接着说：“你想想，在你搬到这里之前，张家就和原来的赵家这么做了，这么长时间来张家一直都是使用这个西墙，张家从一开始就享有了如此使用的权利，这是历史形成的，你就得尊重这种长期形成的习惯。你是从老赵手里买的这房子，买到的不是不受任何使用限制的房子，以前老赵受这个限制，你也要受这个限制。法律上也是这个精神，你到法院去说理也是我刚刚跟你讲的这些。”

王保国说：“那我该怎么办啊，难道就自认倒霉？”

老李呵呵一笑，说：“这倒不难，两家协商一下，看能不能找出个两全其美的办法来！你看你们两家合用这个烟道怎么样，虽然不如一个人用效率那么高，但是毕竟可以解决些问题，而且两家可以商量在烟囱上边合装一个抽风机，这样烟道两家人用虽说窄了些，但也是完全可以的。”

王保国说：“好啊，我以前怎么就没想到呢！我原来就是想不通这理儿，我自己的房子凭什么不能让他们停用，你讲得有道理，我们就这样做。何况这邻里还是要和睦相处的好，否则以后天天生闲气，这日子也不好过。”

看到王保国终于想通了，老李说：“我们一起到张远家说说吧？”“好，咱们这就去！”王保国痛快地答应了。来到张远家，王保国主动跟张远打招呼：“张哥啊，我来向你赔礼道歉！”张远一愣，待看到王保国身后的老李后，明白了几分，听到王保国这么说，他也不好意思了起来，主动迎出门，对王保国说：“你们怎么来了？”老李说：“我呀来就是为你们两家烟囱这个事，这不我刚跟王保国说完，就和他一块儿来你家了。”不等老李说完，王保国抢过话头说：“我要跟张哥道歉，以前是我不好，我这人就是一根筋，想问题呀总绕不过弯来。”老李看张远还是一头雾水，就主动又把刚刚跟王保国讲过的话说一遍，安慰道：“你们两家以后继续使用这个烟道，只要在烟囱上安装一个抽风机就可以了，王保国也同意了，你的意见呢？”张远看到老李的诚恳和王保国的热情，也不好意思拒绝了，他说：“好吧，这样对大家都好。”老李趁热打铁，说道：“这邻里相处就讲究一个和字，平时难免会遇到一些小纠纷，两家人一定要保持冷静，珍惜来之不易的团结互助，共同想办法解决，而不是一上来就搞对立、闹情绪，只有邻里关系处好了，我们的日子才能过得顺不是？”张远和王保国两人连连点头称是，都表示以后要吸取本次教训，好好相处。

回到办公室，老李写下本次处理纠纷的一点心得，他想人民调解的关键在于讲明道理，以情动人，以理服人。在以后的调解工作中，首先要早介入，及时了解情况，及时做双方当事人的工作，其次要做好准备，提前查阅法律法规和政策文件，把道理想明白，最后就是要耐心地去劝解当事人，只要自己真诚地去帮助人民群众做工作，大家一定会心服口服。

11. 夕阳婚姻遭反对　化解纠纷促团圆

贺老是一位患有糖尿病的70多岁的老人，老伴早年去世，有三个女儿、两个儿子，共五个子女，现在都已经成家立业，剩贺老一人居住在原来的老房子里。这天正好是中秋节，贺老的五个子女都到贺老家中看望贺老，大家聊起贺老的日常生活起居，大女儿说："爸，您身体有病，自己一个人住我们实在是不放心，要不这样，您轮流在我们兄弟姐妹五人家中居住，每人家中住多久您自己来定。"小女儿说："大姐说的是，您老人家在子女家住，还能经常看到孙子女和外孙子女，多好！"贺老不语。大儿子说："咱爸性格就是太强了，总怕拖累咱们，可是老人家吃一辈子苦把咱们养大，现在人老了，子女赡养是天经地义的，爸您说是不是？您就放下思想负担，跟我们一起住吧。"贺老这下开口了："哎，人老了，行动不便了，跟你们住在一起只能增添负担，你们平时工作都忙，我这老头子啊，跟不上你们的节奏。我自己在这儿住挺好的，现在胳膊腿都能动，没啥问题，我有事给你们打电话就行了，你们都别操心了啊。"子女们见说服不了贺老，无奈之下只好不了了之。

贺老养老的事情，子女们提了不止一两次了，但贺老就是不同意跟子女们住。子女们也曾想过把贺老送到附近条件好一些的养老院，但是贺老一辈子节俭惯了，说是花钱找别人伺候不习惯，表示坚决不去。一家人吃完晚饭后，子女们一起离开了贺老家里。走出屋门后，大女儿说："这样下去可怎么行，老人一个人在家实在是危险，咱们还得多劝劝咱爸。"小儿子说："咱爸这脾气指定不会听咱们劝，不行咱想别的办法，要不我找我家住农村的朋友给介绍个保姆，做事勤快，比家政公司的保姆可强多了，你们看行不，如果大家同意，我明天就托人找。"大家相互看了看，纷纷点头同意。小女儿说："如果咱爸不同意怎么办？"小儿子胸有成竹地说："只要大家同意，这事儿啊，包在我身上！"

一周后的周六晚上，小儿子带着朋友介绍来的保姆季某站在贺老的跟前。"爸，您看，我人都带来了，您就答应了吧。""不行！我一辈子苦惯了，现在我好好的，你找个人来伺候我，我消受不起。"说着贺老就转过身去。小儿子见不起作用，转念一想，跑到贺老跟前说："您先别急，您听我说，这个季阿姨，她是个苦命人，早年守寡，自己把儿子拉扯大，现在儿子要结婚了，季阿姨家里穷，拿不出什么钱来，朋友好心，托我帮她在城里找个活儿，阿姨年龄也不小了，又没什么文化，我到哪儿给她找工作去？但不帮忙又于心不忍，于是我就想，让她来给您做饭、打扫卫生，活儿清闲，咱们家也不会亏待她，工资一分不会少，您就当帮助一个困难的家庭，您看……”贺老的老伴去世得也早，对季某的经历感同身受，沉默一会儿后，说：“好吧，你就让她安心待在这儿吧。”

贺老的众儿女得知这个消息后，都松了一口气，觉得老人有人照顾了，心里踏实不少。这本是皆大欢喜的结局，但不曾想在贺家引发了一场轩然大波。

小儿子为让贺老接受找来的保姆，跟贺老说了保姆的身世。贺老人耿直、善良，对这位苦命人很宽容，从不挑错。保姆季某是做家务的一把好手，把贺老照顾得妥妥当当，还做得一手好菜。除了平日里的工作，闲下来了，保姆季某就同贺老聊天、拉家常。渐渐地，两位孤独的老人竟然产生了感情。保姆季某周末回到农村老家，对儿子说到这件事情，季某的儿子是个游手好闲的懒散青年，得知这件事后，心里动了歪念，想要找贺老要钱花。之后，季某的儿子便时不时进城来，到贺老家里“看望母亲”，还总是向贺老哭穷，说家里困难，生活艰难等。贺老每次听到这些都会给他一些钱，让他改善改善生活。时间长了，季某的儿子胆子越来越大，甚至发展到直接跟贺老开口要钱的地步。

又一个周六的上午，贺老的二女儿一家人来看望贺老，碰巧遇到了季某儿子在贺老家，二女儿觉得很奇怪。季某的儿子看到她后，匆匆离开了，见到二女儿招呼也没打。二女儿不解，便问贺老，贺老只是简单地说：“这是你季阿姨的儿子，过来看看。”二女儿回到家后，寻思着，这保姆的儿子也太不把自己当外人了，在老爷子家跟在自己家似的。想着想着，就跟大女儿打电话说了这事。大女儿向来比较细心，得知情况后，便跟小儿子联系，质问他找的人到底靠不靠谱，小儿子笑嘻嘻地说：“我找的人当然靠谱，季阿姨人好在村里是出了名的，不过，她儿子我还真不了解，回头我再打听打听。”

第二天，小儿子到了贺老那里看望贺老，打算顺便问问季某本人到底是怎么回事，碰巧又遇到季某的儿子。原来季某儿子昨日进城后跟季某要了钱，并没有回农村，而是留在城里玩了一天，想周日再去要次钱然后回村。季某的儿子这次又想溜，小儿子立马拽住他说："嘿！别走！你是谁啊？干吗来我家？你给我说清楚！"贺某说道："让他走！"季某儿子甩开小儿子的胳膊，把兜里快要蹿出来的钱往里面塞了塞，对着小儿子哼了一声，下楼了。小儿子怒了，心想："在我家你还敢这么横，我非要教训教训你不可。"于是跟着也跑了下去。在院子里，小儿子质问他道："你来我家到底想干吗？你兜里的钱哪来的？是不是在我家偷的？你今天得给我交代清楚！不然我就报警！"季某儿子笑了笑，说："哼！我还用得着偷？你家的老头子都快成我爹了，我跟他要钱，天经地义！"说完大摇大摆地走了。小儿子僵在了原地，也顾不上去追季某儿子了，他想他已经了解了事情的真相。

周日的晚上，贺家开了一个没有贺老参加的家庭会议，地点在大女儿家里。小儿子说："我这办的是什么事儿，你们说这事儿荒唐不荒唐，俩人居然看对眼了！"大女儿责怪小儿子说："当初找保姆的时候你也不查清楚她家里人什么情况，现在说这些有什么用？咱们只能想办法解决了。"二女儿说："我上次去就觉得奇怪，原来是出了这样的事儿。现在保姆的儿子就这么肆无忌惮，如果俩人真的走到一起了，老爷子那点养老金还不都被他给败光了。"大儿子说："咱们也别想得这么严重，也许咱爸只是同情他们，要不这样吧，赶紧给爸换个保姆，老五，你赶紧再找一个，这次可得看好了。"小儿子连忙点头。

没几天，小儿子又找了个保姆，跟贺老说要给他换换做饭的口味。贺老没答应，却让小儿子把大家召集来，说是要跟大家宣布一件事情。贺老的子女们知道后大觉不妙，最不想发生的事情还是发生了。贺老对子女们说："你们季阿姨这段时间尽心尽力地照顾我，人善良，从不嫌辛苦，我想我们遇到了也是缘分，如果以后能相互照顾也未尝不可，所以想跟你们商量下，我想跟你们季阿姨结个夕阳婚，你们看同不同意？"季某在一个角落里站着，不好意思地低下了头，也深深地担心贺老的子女们不愿意接受自己。贺老的五个子女面面相觑，又吃惊又无奈，吃惊的是事情发展得如此之快，无奈的是他们明白这是不可避免的结局，虽然贺老说是跟他们商量，但他们明白，贺老是认定这位季阿姨了。

这可如何是好，大家都急得跟热锅上的蚂蚁似的。趁着季某月底回乡的那天，大家又到了贺老家里。大女儿说：“爸，您这事想清楚了吗？您说您要是愿意让她照顾您，那我们没意见，让她待多久都没关系，但真要成为一家人，这可是大事！”小儿子是个急性子，说：“您看她儿子那个样子，您真放心他跟我们成为兄弟姐妹啊？到时候坑您的养老钱不说，还不得惦记着您的房产？恐怕您百年之后，我们想来这里怀念一下您都不行了。”大家你一言我一语，说个不停，贺老什么话也没说，只是在吧嗒吧嗒地抽着烟。最后，大家说，要不就做对事实夫妻，双方以夫妻相待，只是不领结婚证，这样一来，贺家跟季某的儿子就没有关系了。贺老慢悠悠地说：“既然要在一起，我就一定要给她个名分，不然这算什么？”

与此同时，季某也在家中跟儿子聊天：“唉，我就觉得人家孩子会看不上我，命里没有的，想也是白想啊。”季某儿子说：“妈，您这是什么话，他们凭什么看不上咱们？就算看不上，也不关咱们的事，只要贺老爷子能看上就成，对吧？”

第二天，季某的儿子陪季某一起进到城里，季某儿子干脆就住了下来，心想谁再干预这件事，他就跟谁过不去，还催二老赶紧去领结婚证。这下，贺老的子女们来看贺老，一看季某儿子在这长期住了下来，气就不打一处来，尤其是小儿子，跟季某儿子对骂了几句，两人越骂越来气，最后还动起了手。眼看事情有越闹越大的风险，贺老拉着季某到了社区调解委员会，请求调委会帮助他们解决这起家庭纠纷。调解员陆某听完两位老人的陈述，对两位老人说：“您二位别着急，孩子们也都是因为孝顺才起了冲突，放心吧，这件事我保证给您处理好了。”

陆某首先联系到贺老的子女们，把他们召集到调委会的办公室，对他们说：“两位老人找到我这里，说想请我帮助调解家庭纠纷，希望大家不要介意。虽说是你们的家事，我作为外人无权管理，但作为调解员，有维护家庭稳定、社会和谐的职责。当局者迷，旁观者清，希望你们能坦诚地告诉我你们的想法。”大儿子首先开口说：“不是我们要干预老爷子的婚姻自由，季阿姨那个不争气的儿子实在是让人受不了，如果我爸跟季阿姨结婚，这她儿子结婚买房的事不都得我们家管啊？再说了，季阿姨的儿子整日游手好闲，不做些正经工作，就知道要钱花，我爸多了个这样的儿子，怕是晚年生活都不能保障了。”其他子女纷纷应和着说大哥说得有道理，就是这么个原因大家才不同意贺老结婚。陆某听完大家的意见，已经明白了其中的主要矛盾，对大家说：“我已经了解了，你们都是非常孝顺的子女，平日里不仅关照贺老的生活，还经常来看望他老人家，这是非常值得表扬的，也是值得其他人学习的。但是，每个人都有婚姻自由，这是受我国法律保护的个人权利，你们应该也清楚。纵使季老太的儿子身上有诸多你们忍受不了的毛病，也不能因为这个阻碍两位老人得到幸福，你们说是吧？人生难得老来伴，其实最大的孝顺就是让老人能得到精神上的安慰，现在难得贺老与季阿姨产生了感情，你们忍心拆散他们吗？”大家都低头不语，觉得真要因为季某儿子不让两位老人结婚，确实是委屈了两位老人，可大家又为难，不知该如何是好。

后来，陆某又到了贺老家里，对季某的儿子展开了教育：“小伙子，你为了母亲的婚姻幸福如此卖力，也是难得的一片孝心。”季某的儿子听了反而有些不好意思。陆某接着说：“可是，你就这样贸然住到贺老家里，让贺老的子女们怎么能接受呢？你已经成年了，却连个固定的工作也没有，换成是你，你愿意让这样的人成为你家庭中的一员吗？”季某的儿子说：“我从小家里就穷，没钱上学，村里的年轻人如今都到城里来了，我也不想留在村里种地，也想出来打工，但是找不到工作。”陆某继续说：“有想法是好的，但你不积极去争取工作机会，就靠你母亲养着，等两位老人结婚了，你岂不是又要靠着继父过活？”季某儿子说：“那我还能有什么办法？又没有单位要我。”陆某说：“这样，我给你介绍份工作，咱们社区现在缺少一名清洁工，每天早晚要打扫路面，清理垃圾桶，包吃住，每月工资 2000 元，你愿意做吗？”季某儿子想了想说：“我愿意！”

将贺老子女们最大的心病解决后，陆某又把所有人召集到一起，说：“今天把大家召集起来，是要商量二老结婚涉及的一个重大问题，就是遗产问题。我国法律规定，继子女和亲生子女在法律上的地位是一样的，也同样拥有遗产继承权，这点大家需要明白。但鉴于目前这个问题还比较遥远，我建议，让贺老大女儿先帮贺老保管养老金，每月给贺老、季老太固定的生活费，需要额外支出的，随时告知大女儿。你们还有什么意见吗？”贺某的子女们看到调解员陆某已经帮季某儿子找到了固定的工作，可以自食其力，心里已经放心了一大半。如今又建议由大姐来管理贺老的养老金，贺老的生活有了长远的保障，更是感到欣慰。虽然听到季某儿子也享有平等的继承权心里仍不太舒服，但这是法律规定，作为公民有守法的义务，便不再说什么。季某的儿子现在有了固定的工作，稳定的生活来源，同时也拥有和其他人一样的遗产继承权，心里自然很开心。至于贺老和季老太，喜悦之情更是难以言表，他们终于可以步入婚姻的殿堂了，重要的是，双方的子女也都同意了他们的婚姻。

不久后，贺老家中贴上了喜字，一家人热热闹闹地给贺老办了婚礼，还邀请了这次纠纷调解的大功臣陆某。一起因老年人婚姻所引起的纠纷，就这样圆满地解决了。

12. 买卖房屋受阻碍 人民调解解纷争

安居乐业一直是中华民族追求的幸福生活，在房价高涨的今天，仍有很多人为了头顶的一片瓦省吃俭用，节衣缩食。

吴亮是一家 IT 公司的普通员工，参加工作已有三年。吴亮的妻子王珍与吴亮是大学同学，两人感情十分深厚，是同学们公认的模范夫妻。毕业的时候，学校里很多情侣都因为现实种种阻碍而选择了分手，而吴亮与王珍却选择坚定守护他们的爱情，两人一起留在了离家很远的陌生城市，准备扎下根来，好好生活。

两年前的一天晚上，在两人租住的狭小的出租屋内，吴亮与王珍聊起了将来的生活。“跟着我真是让你受苦了，我现在除了有一份还算稳定的工作，其他的真是一无所有，我特别想咱们能永远在一起生活，过柴米油盐的平淡日子。”“别说了，只要跟你在一起我就满足了，咱们一起努力，以后的生活会越来越好的。”吴亮听了心里深感安慰，也更加下定决心要好好工作，努力赚钱，为家庭而奋斗。过了不久，两人就去领了结婚证，没有举办婚礼，也没有结婚戒指，仅有一张结婚证宣示着两人已成为正式的夫妻。

随后的两年，吴亮为了工作起早贪黑，在单位永远是来得最早的，走得最晚的。慢慢地，吴亮的勤奋引起了领导的重视，也得到了领导的提拔与重用，慢慢地，吴亮与王珍两个人的生活也不那么拮据了，加上平时两人生活节俭，慢慢地也攒了一些钱。

就在上个月，王珍发现自己怀孕了，她既惊喜又激动，下班后一见到吴亮就迫不及待地将这个消息告诉了他，吴亮听了后先是很兴奋，抱着王珍转了好几圈，后又忧心忡忡地说：“你怀孕了，咱们再这样租房子实在不是个办法，有了宝宝，咱们也是时候买套房子了。我想想办法，找亲戚朋友借些钱，再加上咱们攒下的钱，应该能付个首付，有了咱们自己的家，也算是对你和孩子有个交代。”王珍本想安慰吴亮，让他不要这么辛苦，但想到肚子里的孩子，就点头同意了。之后，吴亮就边找亲戚朋友们借钱，边到处看房子，终于看中了一套，虽然面积不大，而且离市中心有一段距离，但价格不贵，小区绿化也不错。吴亮带王珍去看了开发商展示的样板间，两人都十分满意，就跟开发商签订了房屋预售合同，并交了5万元的定金，约定“本月25日之前将剩余首付交齐，双方签订房屋销售合同，若买方违约，将不归还定金”。回到家后，两人非常开心，憧憬着以后的生活，虽然生活会因每月的房贷而更加辛苦，但一想到将要拥有自己的房子，两人心里就特别踏实，即使辛苦也不怕了。

一天，吴亮又在拿着合同看，体会着即将有家的喜悦心情。突然，他注意到合同上有一条写着：“开发商提供的商品房以样板间为参考，解释权归开发商所有。”心想，这不就意味着，开发商交付的房屋很可能不像他们当时看的样板间那样好吗？他觉得这事必须得问清楚，这房子是他倾尽所有才能买到的，很有可能这一辈子也就这么一套房了，不能有一点失误，于是就向当时接待他们的工作人员打电话询问这件事，工作人员回答说合同条款问题得问下孙经理，吴亮告知工作人员说，那就等孙经理回话后再去签合同，工作人员没有提出异议，吴亮就放下了电话，等待他们的回音。

转眼间，一个月过去了，开发商那边还是没有回音，吴亮就亲自上门找到了开发商，询问情况，可这时工作人员告诉他说“交费期限已过，买家构成违约，定金归开发商所有”。当时吴亮突然感到五雷轰顶一般，5万元对他们来讲不是个小数目，是经历了多长时间的省吃俭用才攒下的钱啊，他对工作人员说道：“我之前问你们合同条款问题，你们说要请示经理，结果你们一直没有回音，怎么就是我违约了呢？在合同条款没有解释清楚的情况下，这合同能签吗？”工作人员敷衍道：“不好意思，可我们这里就是这么规定的，合同上也说了，您过期不来交定金，签购房合同，定金将不予返还。”吴亮说：“我是没按期过来签合同，但这是由于你们的工作失误造成的，错不在我，你们必须得给我个交代，否则我到法院去告你们！”工作人员说：“您要真走法律程序，我们也不拦着，有合同约定，就是在法律上我们也是站得住脚的。”吴亮对工作人员这种无所谓的工作态度非常恼火，说：“那咱们走着瞧！”说罢摔门而去。

回到家中，吴亮心情非常沉重。这一趟去，不仅没签成合同，房子成了泡影，连定金也没有了。他越想越气，妻子跟他说话他也不搭理。妻子王珍看他心情如此不好，就安慰他：“不管咱们遇到什么事情，能解决的就想办法解决，实在解决不了的就算了，咱们还是照常过咱们的日子，只要人好好的，什么都不是问题。”听了妻子的劝说，吴亮这才把今天的经历告诉了妻子，说：“这些人太不像话了，仗着现在房地产是卖方市场就不把人放眼里，真想揍他们一顿。”王珍说：“俗话说，车到山前必有路，咱们多问问人，看有没有懂法律的，听听别人的意见，总会找到解决办法的。”吴亮听了点头赞同，心中很感激能有这样一个理解他、支持他的妻子。

经过多方打听，吴亮了解到，遇到这样的纠纷，可以直接去法院打官司，也可以找小区调解委员会进行调解。去打官司要交诉讼费，还要请律师，是笔不小的开支，不仅耽误工作，还不能安心照顾王珍。而申请人民调解，不仅不收取费用，还能比较灵活地处理问题，调解不成还能提起诉讼。相比之下，吴亮选择人民调解的方式来解决他和开发商之间的纠纷。吴亮和王珍两人就找到了街道调解委员会申请调解。接待他们的是调解委员会的赵主任，赵主任听了他们的诉说，对他们说：“现在的年轻人不像我们那会儿，生活压力大得很呢，5万元不是小数目，你们还照常上班，我先去跟开发商协商。你们是想继续履行合同呢？还是想把5万元钱拿回来？你们好好考虑考虑。”吴亮想，前前后后跑了那么多楼盘，也就这个小区的房子他们相对能消费得起，各方面也比较合适，就对赵主任说：“我们还是想买房。”赵主任说：“好！那我就按你说的去协商，你们俩安心工作，这个事情就交给我了。”看着赵主任胸有成竹的样子，吴亮和王珍两人心里的石头终于落地了。

赵主任第二天来到售房处，通过工作人员找到了孙经理，对孙经理说：“吴亮已经申请咱们街道调解委员会调解你们之间的买卖房屋纠纷，我今天过来了解下情况。做生意讲究和气生财，你们也一定不愿意跟买家之间闹起什么矛盾来，你跟我讲讲事情的经过，我来帮你们调和，咱们争取能达成双方都满意的结果，好吗？”孙经理听了，也觉得这事情能化解就化解，否则带来更大的麻烦不仅影响他们公司的声誉，还可能被上级责骂。于是就把事情的经过对赵主任说了。赵主任听过后，知道了双方对事实经过的认定是一致的，心想这就比较好办了。对孙经理说：“吴亮虽说没有按规定时间来签合同，但他之前打电话问你们合同的事情，你们就应该及时告知才是，你们这边一直没有消息，吴亮这小伙子也比较实在，就一直等你们的消息，结果就错过了这个签约时间，也是情有可原的。你们的房屋预售合同上规定的房屋合同签订期限，不就是为了督促买家及时履行合同吗？吴亮不是成心违约，也没有影响你们正常的房屋销售，咱们就讲个情字，你们双方就把这个合同按原定计划签了吧。”孙经理说：“虽然我们有一定的疏忽，但是终究违约的是吴亮，现在我们接受调解，主要是想化解纠纷，但并不代表我们就完全放弃了自己的权利，我可以退他一万元钱，这也算买卖不成仁义在了，他若要求继续履行合同，那我就不能同意了。”赵主任见孙经理不答应卖房，就继续劝说了一阵，可孙经理就是坚决不卖房，而且定金也不全退。赵主任见状，就先回去了。

后来，赵主任通过调查询问了解到，本市的重点中学计划要从市区迁到该小区附近，这不仅能带动小区周边基础生活设施的完善，而且将会有不少家长为了孩子上下学方便而租住该小区的房屋，因此房屋售价已经比吴亮签房屋预售合同时上涨了不少，赵主任终于明白了为什么孙经理无论如何也不肯继续履行合同了。这下麻烦了，赵主任想，遇到经济利益之争，再去说情，孙经理肯定是听不进去的。但如果按法律规定孙经理应该负相关责任的话，吴亮的房子就有希望了。想到这里，赵主任联系了调解委员会的成员田律师。田律师是附近小区的居民，对街道调解委员会的工作非常热心，积极主动参与了街道调解委员会工作，凡是居民们有法律问题的，他都热心回答。赵主任将此事原原本本地告诉了田律师，对田律师说：“这件事，光劝说不管用，只有对孙经理进行法律教育才可行，田老弟，这事儿就靠你了。”田律师说：“没问题，你跟双方当事人约个时间，既然要讲法律，咱们就把问题摆在桌面上，我给他们分析分析，法律责任厘清了，双方自然就好协商了。”

于是，赵主任联系了吴亮和孙经理，约他们下班后到调委会办公室开个会。双方到现场后，赵主任向两方当事人介绍了田律师，并告知他们田律师将给他们讲解与这起纠纷相关的法律规定，双方均没有异议。田律师说："按照我国《最高人民法院关于审理商品房买卖合同纠纷案件适用法律若干问题的解释》第四条规定，出卖人通过认购、订购、预订等方式向买受人收受定金作为订立商品房买卖合同担保的，如果因当事人一方原因未能订立商品房买卖合同，应当按照法律关于定金的规定处理。这次纠纷的焦点主要就在于没有签订合同究竟过错在谁。按照房屋预售合同上的约定，吴亮若在 4 月 25 日之前放弃购买权或到期不签约的，5 万元定金不予退还。如果吴亮没有缘由地到期不签约，那么将失去购买权，定金也不能取回，但这件事，你们对事情经过是没有异议的，吴亮因为对合同条款的不解，向售房处咨询，想得到答复后，也就是双方对此合同都没有异议后再签订购房合同，这并不意味着他要放弃购买权。售房处给吴亮的答复是请示经理后再告知他，也对他所说的等孙经理答复后再去签合同并无异议。这就意味着，双方对本合同进行了变更，履行期限由原来的 4 月 25 日改为孙经理回复之后，所以说吴亮是没有过错的。"听了田律师的分析，吴亮松了一口气，也从心底十分感激赵主任和田律师的帮助。孙经理则不服气，虽说对田律师的法律分析也表示赞同，但明显心里还是不服气，说："法律上虽是这样规定，但是我们的房子现在已经销售一空了，我只能把定金退回来，但不同意继续履行合同。"田律师接着说："按照法律规定，对格式条款的理解发生争议的，应当按照通常理解予以解释，对格式条款有两种以上解释的，应当作出不利于提供格式条款一方的解释。你们的合同上约定'样板房仅供参考，本公司保留解释权'，而吴亮作为一般买家，理解为买到的房屋和你们的样板间是一模一样的，因此，按合同约定你们必须提供与样板间一样的房屋，否则会构成违约。现在你们既然不能提供这样的房屋，那么需要双倍返还定金。"孙经理一听，更加担心了，说："唉，如果小区现在还有房子，我倒是可以做主继续履行合同，但目前合同已无法履行，要是双倍返还定金，公司很可能会让我自己来承担这项损失。”赵主任说：“你们公司不是还开发了一个住宅小区吗？要不这样，你带吴亮去看看那边的房子，如果可以，你们公司卖房也有一些优惠政策，你给吴亮申请个最低折扣，这样不就两全其美了？”孙经理想了想，认为这个办法可行。吴亮本来也是想买房的，该公司的另一个小区比现在的小区要更高档一些，房价也更贵一些，但若是能申请到最低价，又在吴亮的承受范围之内，吴亮也十分乐意购买。当天下午，他们就去看了另一个小区的房子，吴亮非常满意，这个小区的环境、绿化都比另一个小区要好一些，小区内还有家幼儿园。吴亮和孙经理达成了购房意向，并在赵主任、田律师的见证下签订了房屋买卖合同。

一年后，吴亮和妻子搬到了新家，两人特意来到街道调解委员会，找到赵主任和田律师，为他们送了幅锦旗以示感谢，吴亮对赵主任说：“赵主任，多亏了咱们人民调解委员会，我们才能如此顺利地拥有了自己的家，您可是我们的大恩人，如果不是您的帮助，我们夫妻俩还不知道要愁到何年何月呢。”赵主任说：“咱们调解委员会就是为老百姓解决纠纷的，人们能过上安居乐业的日子，是我们的职责，也是我们要追求的目标，二位就不要太客气了。”吴亮和妻子心中十分感动，再三和赵主任握手言谢。

这起买卖房屋纠纷最终顺利解决了。人民调解委员会在这起纠纷中起到了非常关键的作用，赵主任通过耐心地沟通和说情，使双方能心平气和地坐下协商，而人民调解员田律师从专业角度对双方讲解了法律知识，并分析了各自应承担的法律责任。在调解员的不懈努力下，最终达成了令双方都非常满意的结果，这也是人民调解员最愿意看到的。

13. 找法律援助中心　让弱者感受温暖

不知从哪一年开始，广东成为打工者的天堂，外来人口的数量像滚雪球一样剧增。

李波今年 23 岁，在家乡县城一家小型企业当保安已近两年，也学到了些东西。眼看又快过年了，李波一想到来年又要继续自己那份无聊的工作，过年高兴的心情都受到了影响。于是他开始考虑出去找份工作，但苦于不知上哪打听消息，只能作罢。

这一天，李波接到许久未见的初中同学梁宏的电话，原来梁宏想要趁着春节假期，组织初中的几个好兄弟一起聚会吃饭，毕业后大家各奔东西，一直都忙着自己的事情，转眼已经七八年没见面聊天了。李波毫不犹豫地答应了，挂了电话，李波不禁回忆起自己的青春岁月，想着自己那几个约定要“有福同享，有难同当”的好朋友，不知道他们都变成什么样了，李波对即将到来的见面充满了期待。

终于到了见面的那天，尽管毕业后大家没有经常联系，几人的样貌也有了一些变化，李波与朋友们却并不觉得陌生，几个人热火朝天地聊起各自这些年的经历。梁宏等人兴奋地说着自己在外打工的经历，尤其说到在大城市看到听到的那些以前并未接触过的东西时，李波就羡慕不已。其实，李波早就对自己现在的工作感到厌烦了，想出去闯一闯，去学更多的东西。于是他问道：“兄弟们，看你们都在说外出打工，我也很想去，你们说，我能行吗？”梁宏笑道：“这有什么不行，想当年咱们上学的时候，你可是最聪明的，我们都能做的工作你肯定也没问题。再说，你如果跟我们一起去广东打工，大家还可以一起互相照应。”其他人也跟着应和：“就是就是，大家一起出去闯。”众人的鼓励使得李波热血沸腾，多日来的抑郁心情也得到缓解，跟朋友们高兴地推杯换盏，恨不能立刻就和他们一起坐上去广东的火车。很久没有这么尽兴地喝酒聊天了，李波没有控制住自己，喝得有些醉。梁宏看到他这样，知道他是太高兴了，和大家约定好下次在广州再聚，便将李波送回了家。

第二天，李波酒醒后并没有忘记昨晚和朋友们的谈话，相反，每一句话都记忆深刻。他认真地考虑要辞掉现在的工作，像其他人那样到大城市去体验一下。于是，他将这个想法跟家人说了。可结果出乎意料，他的家人没有一个人支持他。家人觉得现在李波有一个稳定的工作就很不错了，而且工作地点就在县城，家人之间也可以相互照应。李波也从没有出过远门，万一在外面受到伤害怎么办。但李波并不这么认为，外边的世界很大，如果年轻的时候不出去闯荡一番，等到老了会后悔的。他对父母说："爸妈，我现在已经快 23 岁了，再不出去就来不及了。"尤其是李波看到以前的朋友都在大城市打工，每年都有不错的收入，听他们讲着那些他以前没听过的新鲜事物，心里很是羡慕。对于家人的担忧，他有自己的想法，如果在外面生活得还可以的话，就在外面发展，如果两年内还是没有什么进步的话，他就回来，继续找份安稳的工作，待到结婚成家的时候，这辈子也就算圆满了。李波将自己的想法跟家人说清楚后，家人终于同意了他的决定，于是李波也成了外出打工大潮中的一员。

初到广州，李波并不适应，幸好有梁宏帮忙。两人以前上学的时候关系就最为要好，在梁宏的介绍下，李波成为广东省一家灯饰厂的工人，和众多工友一起开始了新的生活。李波十分珍惜这份工作，工作勤恳本分，希望能够让父母安心。功夫不负有心人，李波逐渐适应了这里的工作和生活，出色的工作能力和认真的态度使他获得了车间主任的认可。并且能和同龄的工友们一起工作、聊天让李波感到很高兴，他利用空闲时间读一些自己感兴趣的书籍，希望能够多学一些东西，以后有机会的话能得到进一步的发展。周末放假的时候，李波和梁宏等初中朋友们聚会，李波不禁憧憬着未来的生活，和这些曾经鼓励过他的好兄弟大聊特聊以后的目标。

然而就在一切越来越好的时候，一件意想不到的事情发生了。一天，李波正和工友一起工作的时候被主管叫到了办公室，李波一头雾水，完全不知道发生了什么事。主管并不理会李波的疑惑，严肃地问他："你昨晚下班后去了哪里，做了什么？"李波如实答道："下班后吃过晚饭就回宿舍了，没做什么特别的事，就是和舍友聊天。"主管并不相信："你怎么证明？""舍友们都可以证明啊。"李波有些摸不着头脑，主管怎么像审讯犯人似的。随后，主管又分别叫了几名工人到办公室。和工友交流后，李波发现大家经历了一样的遭遇。其中一位工友还提到，主管说“他们几个是一伙的”。一伙的？什么一伙的？李波原本就觉得主管有些奇怪，难道主管觉得他们几个在一起做了什么坏事？经过一番讯问，主管将他们几个关在办公室后就走了，只留两名保安守在门口。于是，李波便跟保安套近乎，希望能得到一些信息。其中一个保安跟李波是老乡，看他真的不清楚是怎么回事，好心提醒他，便将自己所知道的全部告诉了他。原来，上个月灯饰厂进了一批贵重的金属原料，原本要用在出口的灯具上，可就在昨天晚上，这批金属原料不翼而飞了。厂里觉得这么一批原料不可能是由一个人偷走的，而工厂的外部人员又不清楚存放地点，于是便将怀疑的矛头指向李波他们这几个关系很好的外来务工人员身上。也正是由于李波和几名工友被厂方怀疑盗窃贵重的金属原料，才被逐个叫到办公室讯问，长达十几个小时。李波等人觉得很冤枉，明明平时工作认真，却受到这样的对待，便想去找主管理论一番。因主管要求保安看住这几名工人，两名保安不得不阻止工人走出办公室，在阻止过程中难免有些肢体冲突，不慎造成了李波和其他几名工人受伤。

认识到硬闯出去找主管理论并不能真正解决问题，只能让更多的人受伤后，李波拨打了 110 报警电话，闻讯而来的警方把他们解救出来，受伤的李波和几名工友被送到医院救治，而灯饰厂却因怀疑李波等人盗窃拒绝赔偿。回想起当时的情形，李波依然心有余悸，一个多月的住院治疗都没能使他完全康复，非法逼供扣押长达十几个小时，李波身心都受到了极大伤害。那个之前还满怀希望的李波被现实狠狠地打击到了，梁宏等好友听说了此事，纷纷来医院探望李波，并给他出谋划策。李波和工友们想讨回公道，可身处异乡，又没有钱。李波不禁想起家人不愿他外出打工时的担忧，父母十分害怕他在外受到伤害。如今才出来不到一年就遇到这样的事，真是让李波哭笑不得，虽然很想和父母通电话讲讲自己的事情，但又怕父母更加担心而不得不作罢。难道就这样默默地忍受了？梁宏劝解道：“船到桥头自然直！不要太担心，总会想到办法的，我们没有钱，可以想一些不花钱的办法嘛。”就在他们一筹莫展的时候，李波猛然间想起自己以前看的报纸上提到过的法律援助中心，只要是有充分理由证明为保障自己合法权益需要帮助，确因经济困难，无能力或无完全能力支付法律服务费用的中国公民，就可以去那里咨询法律问题，免费接受法律援助从而维护自己的合法利益。李波连忙将想法告诉工友们，有些工友觉得这个主意不错，也有人表示怀疑。大家你一言我一语说道：“真的能得到免费帮助吗？怎么会有这种好事呢？”但看到李波一脸坚持，再加上平时对李波的了解，知道他是一个可靠的人，众人最终一致决定去法律援助中心寻求帮助。

李波和工友们来到法律援助中心，将受到的非法待遇细致地讲给法律援助中心的代理律师，律师了解到他们的遭遇后对他们说：“你们放心，我一定会帮助你们的。”而在听到李波的工友关于法律援助中心的疑问后，代理律师笑着说道：“《法律援助条例》的立法宗旨是贯彻公民在法律面前一律平等的宪法原则，健全司法人权保障机制，保障公民享受平等、公正的法律保护，明确规定‘法律援助是政府的责任’。”他进一步解释说，根据《法律援助条例》的规定，政府对法律援助工作的职责主要表现在，第一，提供必要的组织保障。《法律援助条例》规定，政府应当设立专门机构组织开展法律援助工作，对于建立法律援助机构确有困难的地方，可由司法行政部门代行法律援助机构的职责。第二，提供必要的经费保障。《法律援助条例》规定，我国县级以上人民政府应当为本地法律援助工作的开展提供必要的财政支持，建立对法律援助的最低经费保障机制。第三，确定受援人的范围和条件。省、市、自治区人民政府根据《法律援助条例》的授权，对法律援助的范围和条件作出规定，以保证真正贫困的公民都能够获得法律援助。换句话说，法律援助中心是《法律援助条例》规定的政府应该设立的确保公民权利的机构。同时，律师也夸奖了李波对非法侵害的正确应对，虽然同样是受害人，李波却并没有像其他案件中的受害人那样继续冲动地解决问题，而是依靠警方避免了更大的伤害。李波不好意思地说：“没想到我误打误撞做对了。接下来我们能依靠的就是律师您了。”法律援助中心的代理律师让李波和工友们填写了法律援助委托协议书，随后召集厂方代表进行了侵权赔偿调解，先与受伤较轻的几名员工达成协议，厂方除承担受伤员工的全部住院费用外，还对误工费、营养补助费及精神损害等给予每人一次性赔偿人民币 2 万元到 2.4 万元不等，厂方代表除现场支付钱款外还向因殴打致伤的员工表示了诚恳歉意。尽管工人们对灯饰厂莫名其妙的冤枉仍旧有些气愤，但对解决结果还是比较满意的，因此工人们接受了灯饰厂代表的道歉。

灯饰厂财务总管表示："经过法律援助中心的调停，站在我们厂方的立场和受伤员工的立场来看，在处理这个问题上，大家都比较满意。我们感谢政府部门帮我们处理好这个问题。这次的事件也会让我们引以为鉴，遇到类似问题应该寻求正确的解决途径而不是擅自做出一些有违法律的行为。"

在事情得到妥善解决之后，李波和工友们真诚地感谢了法律援助中心及其代理律师，是他们让这些外来务工人员感受到了温暖。李波也终于松了一口气，不仅证实了自己的清白，还确认了自己外出打工的决定的正确性。在陌生的大城市可能会遇到各种各样的挫折或挑战，但也正是身处大城市才有了更多的机会了解解决问题的方法和途径。无论身处何时何地，多看书学习，充实自己才是最好的选择。

14. 维权普法两手抓　援助中心功劳大

魏巍来自湖北，在省会的一所大学读大四，在同学们的印象中，他平时穿着很朴素，性格乐观开朗，对同学很热情，每天脸上都带着微笑。眼看到毕业季，大四的学生都已找到各自的出路，要么步入社会开始工作，要么继续留在学校深造。魏巍也不例外，由于大学四年学习成绩优秀，他被保研到本校继续深造。

就在大家都欢欢喜喜准备毕业的时候，魏巍失去了往日的笑容。原来，原本家庭就不富裕的他，大学四年都靠父母不多的收入和自己勤工俭学支付学费和生活费，以前父亲身体健康时通过经营家里的橘子园有固定的收入，再加上母亲做些零活，生活也算过得去。但在他即将毕业的这一年，父亲遭遇了一场车祸造成了腿部残疾，获得的赔偿仅够支付治疗和康复训练的种种花销。父亲因身体的不便再也不能干重活了，日常生活也需要母亲的协助。家里失去了主要收入来源，连平时的生活花销都难以为继，更何况继续供魏巍念书。虽然学校可以提供奖学金和助学金，可是明知父母没有生活收入来源自己怎能安心念书？看着愁眉不展的父母，魏巍作了一个决定：不再读书了。当他把这种想法跟父母说后，父母坚决不同意。首先，魏巍平时学习成绩很好，继续读书站到更高的平台上，相信一定会有一个好结果。其次，虽然现在魏巍父母没有收入，但总可以跟亲戚朋友借到钱。然而，魏巍不想再让父母为了自己低声下气地去借钱了，而且即使借到钱用来读书也难以解决父母的生活费用，他不想让父母再这样辛苦生活下去了。“我要去工作，赚钱孝顺父母！”魏巍暗暗下定决心。最终，魏巍放弃了这个让很多人羡慕不已的保研机会，同时为了更好地照顾父母，他将找工作的范围定在了家乡。就这样，魏巍的求职生涯开启了。但是，信心满满的魏巍却一无所获，由于原本获得保研的他并未想过此时要去找工作，早已错过了求职投简历的最佳时机，用人单位基本在毕业季几个月前就已经招满人了。

每次找工作回到家中看到父母殷切的目光，魏巍就更加着急。这一天，跑了两个公司求职的魏巍得到的答复都是“不好意思，你很优秀，可是我们的岗位已经满了，不再需要人了”。晚上，魏巍疲惫地躺在自己的小床上，辗转反侧，“怎么尽快找到工作解决家里的燃眉之急”这一问题一直盘旋在他的脑中。突然，白天求职的一家公司员工的一句话提醒了他，那位员工看他在这么热的天气里四处奔波，因为找工作急得满头大汗，就给他出主意让他去大城市试试，那里可能有的公司还需要人。当时他急着赶去下一家公司，对这个建议并没有多想，现在静下来仔细想想也不失为一个办法。魏巍还想到以前和同学闲聊时经常会聊到的有关工作去处的话题，有些人选择留在熟悉的家乡，有些人则希望去北上广这类大城市见见世面。一提到去北上广工作，难免会想到竞争压力和生活压力。不过，大家也都觉得大城市虽然生活压力大但工作机会也更多。现在，魏巍没有时间考虑太多，当务之急是找到工作赚钱养家。既然自己急需工作而家乡又没有合适的机会，不如去大城市试试看，于是第二天一早，魏巍便将自己的想法告诉了父母。

父亲知道魏巍一直都是一个有主见的孩子，从小到大从未让他们操过心，看到魏巍每天早出晚归忙着找工作很是心疼，父亲拍着魏巍的肩膀对他说：“我支持你，既然大城市机会多你就去吧。”母亲也说：“对，你就安心去找工作吧，不要担心我们。”有了父母的鼓励和支持，魏巍简单收拾了行李，就踏上了开往上海的火车，满怀着顺利找到工作解决家里的燃眉之急，通过努力做出一番事业的希望。

初到上海，事情并没有想象的那样容易。这里的公司很多，用人需求量也大。但由于没有工作经验，魏巍在找工作的过程中四处碰壁，他觉得很沮丧，甚至怀疑自己是否真的适合在上海发展。一想到家里的父母以及自己从家乡出来时的豪情壮志，魏巍又重新振作了起来，年轻是他最大的资本，趁着年轻多磨砺一下未尝不是一件好事情，相信只要努力坚持一定会有所收获的。魏巍刚来上海时身上带的钱就不多，漫长的求职路首先要面对的问题是如何养活自己。魏巍仔细想了想，认为不能总想着一口吃成个胖子，先找到一份能支撑自己在上海生活花销的工作最为重要，在上海站稳了脚跟获得了一定的工作经验后再去寻求更好的发展。接下来就要考虑找一份怎样的工作，通过和找工作过程中认识的朋友交流，魏巍觉得销售是一个不错的选择，一方面销售很能锻炼新人的工作能力，另一方面工资会随着工作业绩的提高而增加。这样一举两得的工作最合适不过。

下定了决心后，魏巍开始收集各个公司的相关信息，以前做学习委员的经历让他对整合信息很有一套，经过多方权衡，最终鼓足勇气向一家待遇和工作环境都不错的公司投出了简历。等待的过程是难熬的，短短的几天就像过了几个月那么久，魏巍不禁害怕这次尝试也是石沉大海。他在忐忑的心情中仍然不忘了解公司的历史和文化，在网上寻找面试经验，为面试做了充分的准备。机会总是留给有准备的人，心仪的公司终于联系魏巍来面试了。面试中当考官问到他为什么选择来到上海打拼时，魏巍也真诚地做出了回答，不卑不亢，表现出色，最后脱颖而出，成功进入该公司，开始了自己的第一份工作。毕业后这几个月应该是魏巍最为难熬的日子了，早出晚归找工作却四处碰壁，疲惫不堪却深夜无眠，但这一切的辛苦终于有了回报。他兴奋地打通了家里的电话，将这个好消息告诉了父母。

后来在和企业主管的一次聊天中，魏巍才知道单位之所以录用没有工作经验的他，就是看中了他的“有备而来”和“面带笑意”。原来，公司有独特的发展史和文化，魏巍正是在面试前深入了解企业的相关信息，从容回答了考官的问题，并且在面试时真正做到了公司的口号“微笑待人”，这份勤奋和亲和力正是销售所需要的。就这样，魏巍满怀热情地跟着公司的前辈学习，工作十分努力。

一转眼两年过去了，魏巍不再是一个懵懂的职场新人，他渐渐适应了职场生活。除此之外，他也因为工作期间的认真和敬业深受公司上司的喜爱。从事销售的工作也确实如魏巍所期待的那样让他学到了很多东西，无论是交流技巧还是工作技能。但是一方面，销售并不像其他的工作那样有较为稳定的休息时间，有时为了取得客户的青睐，不得不花费大量的时间和精力与客户应酬，这使得他经常加班，几乎没有私人的时间。另一方面，上海的生活成本很高，尽管工资待遇比新人时期有所提高，但除去高昂的房子租金和上下班交通费，能留给自己和父母的生活费并不多，离自己当初想让父母过上好日子的目标还很远。为了有能力好好孝顺一直以来辛苦培养自己的父母，魏巍将这份销售工作当作职业规划的第一步，希望以此为跳板有进一步的发展，辞职便成了他必然的选择。

魏巍是一个做事果敢的人，两年的销售工作让他更加成熟。既然心中有了计划，魏巍就开始着手准备辞职信。公司在收到辞职信后，销售主管一直挽留魏巍，希望他能继续留在公司效力。一天上午，主管将魏巍叫到办公室，语重心长地对他说："你来公司这两年一直表现不错。我是看着你成长起来的，公司培养出一名出色的销售也不容易。你继续好好干，公司不会亏待你的。"的确，主管一直对魏巍很好，传授了很多工作经验。"当年在我最需要帮助的时候公司给了我工作的机会，我很感谢。这两年在公司也学到了很多，也谢谢您对我的栽培。但您也知道我的家庭情况，再加上我父母年纪也不小了，身体又不好，我不得不为他们考虑。"魏巍诚恳地说。主管随后强调最近公司工作比较多，仍旧不愿魏巍辞职。在一番"讨价还价"后，魏巍最终同意再工作半年，忙完这段时间的工作后再与新人交接。

想到自己 6 个月后就要离开伴随自己成长起来的公司，魏巍更加用心地工作了，在有限的时间里尽可能多地为公司创造价值。时间飞逝，很快就要到了与主管约定的时间。一起奋斗过的同事们都很舍不得勤奋善良的魏巍，但也理解每个人都有自己的追求和想法，最后大家决定共同给魏巍开一个欢送会，祝愿他在新的工作岗位上有所作为，早日实现自己的目标。接替魏巍的新人很快就到了，看到他，魏巍仿佛看到了曾经的自己，不禁感慨万千。然而就在交接工作顺利进行后却发生了一件不是很愉快的事，财务部门结算魏巍的工资时，无缘无故降低了其最后半年的工资标准。魏巍很不服气，自己明明知道还有 6 个月就离开公司了，但仍然兢兢业业，甚至是拼尽了全力来工作，希望回报公司的知遇之恩，公司不但不奖励他，居然克扣他的工资。面对魏巍的质疑，公司财务部门给出了自己的解释：既然魏巍自己提交了辞职信，并且主管已经接受，因主管的挽留，魏巍同意留下继续帮助公司工作6个月，那么这6个月就不是以公司员工的身份，而是以临时工的身份工作的，工资自然不能与他原本的工资持平。这样的解释令魏巍难以接受，为了得到应得的报酬，离开公司后他一边参加新工作的面试，一边时不时地来以前的公司讨要工资。魏巍简直哭笑不得，没想到曾经无比感谢和热爱的公司和自己竟为了工资问题争论不休。

魏巍花费了很大的精力和时间，问题仍迟迟得不到解决，他想要去律所寻求帮助却又无奈手头并不宽裕。为了让父母改善生活，魏巍将这两年工作的收入绝大多数都寄回了家，身边没有什么积蓄。通过网上搜索，魏巍了解到他的情况符合《法律援助条例》的相关规定，可以申请法律援助，最后他带着一肚子的怨气走进了法律援助中心。经过半年多的艰难讨薪之后，魏巍终于看到了曙光。

法律援助中心的工作人员还清楚地记得，当天魏巍带来了劳动争议仲裁申请书和相关证据材料，当工作人员希望针对性了解案情时，却被魏巍多次打断，他只顾诉说自己的委屈和遭受的不公，不理会工作人员的提问。工作人员经过对证据进行分析后告诉他，现有证据不足以支持他的申请诉求，他申请仲裁胜诉的可能性很小。这个预测结果让魏巍难以接受，他固执地认为自己一定能够胜诉。当工作人员提出要请专业律师为他从法律的角度分析案情证据的时候，情绪激动的他竟然对工作人员大声呵斥："你们的顾虑完全没有必要，这个案子我肯定会赢！付出劳动获得报酬，这不是天经地义的事情吗？你们这样说，是不是要打发我走？"面对魏巍的质疑和不理解，工作人员对他进行了耐心的劝导和解释："国家法律明文规定了法律援助机构负责受理、审查法律援助申请，指派或者安排人员为适格的公民提供法律援助。我们现在是依法办事，并没有在打发你。你放心，律师也会依照相关法律的规定履行法律援助义务，为你提供符合标准的法律服务，依法维护你的合法权益。"待魏巍情绪平复后，工作人员为他办妥了法律援助申请，并指派天合律师事务所的王军律师为他提供法律帮助。

正如援助中心的工作人员所料，魏巍的劳动报酬争议仲裁案进行得很不顺利，因缺乏证据，仲裁委员会最终对他的申诉请求作出了不予支持的裁决。这样的裁决结果让魏巍受到了沉重的打击，遂提出要向法院起诉。虽然魏巍无法提出更为有力的证据支持诉请，但他的遭遇确实令人同情，尤其看到他是这么孝顺的一个年轻人。尽管希望渺茫，法律援助中心和王律师都希望为他争取权利。

诉讼阶段，王律师在精心为魏巍制作起诉书和准备诉讼材料的同时，还耐心地针对案件情况为他逐一分析法律规定，让魏巍对整个案件有一个冷静客观的认识。

庭审阶段，魏巍对依法维护自身的合法权益有了全新的认识，不再是一味激动而拒绝沟通。在法官和王律师的努力下，原、被告双方始终保持着心平气和的状态，给法庭调解创造了有利的环境。在法庭调解时，用人单位改变了态度强硬的立场，认识到用工方面存在的不足，同意在法官的主持下进行调解。最终，双方在法官的调解下顺利达成了协议，用人单位当庭一次性给付魏巍3万元，势不两立的双方终于化干戈为玉帛。

一桩看似没有希望的诉讼取得了意想不到的好结果，魏巍难掩喜悦心情。他感慨地表示："这件困扰我很久的事情终于解决，我又有信心开始新工作了。之前是我太过心急，再加上不了解法律规定，说了很多不理性的话，但法律援助中心的工作人员和王军律师都很耐心和专业，他们不仅维护了我的权益，帮我要回了工资，还教会了我很多法律知识，真是帮了我一个大忙啊！"为表示对于法律援助中心的由衷感谢，他特地来到法律援助中心，送上"弘扬法律精神，关注弱势群体"的锦旗表达谢意。几次想给王律师劳务费，都被王律师婉言谢绝了。看到魏巍舒心的笑容，大家都为他感到欣慰。

其实，社会上有不少为社会经济发展作出积极贡献的人，在他们需要法律帮助的时候却因囊中羞涩不知如何寻求，是法律援助为他们打开了理性维权的大门，用法律武器为他们撑起了一片天。在帮助弱势群体的过程中，法律援助中心和其指派的律师功不可没。

法律援助服务既要维护弱势群体的合法权益，又要做好普法宣传工作。法律知识的传播也很重要，求助人不应只是把法律援助当作自己维权的工具，不要简单地以为自己有委屈就能打赢官司。鲁莽冲动无济于事，证据才是制胜法宝。

15. 继孙女巧骗房产　老人受援解纠纷

李毅早年丧妻，当时儿子李舟还小，只有三岁，身边的朋友亲人都劝他趁年轻再找个媳妇，毕竟孩子太小了，李毅一个男人，平时又要忙工作，不太可能照顾好儿子。但李毅看着儿子可爱的脸，想到即使有人愿意跟自己结婚，再婚后对方毕竟不是儿子的亲生母亲，会对李舟好吗？李舟小小年纪就失去了母亲，自己怎么敢再冒险呢？再说，估计也不会有人愿意嫁给一个带着这么小的孩子的男人。于是，李毅婉拒了那些善意的关心，暗下决心，一定好好将儿子抚养成人。

从此，李毅既当爹又当妈，含辛茹苦地将年幼的儿子抚养长大，其中的辛苦自不必多说。就这样李舟安然地度过了初高中，在父亲的期待下成功考上了重点大学，毕业后又顺利找到了不错的工作。幸运的是，李舟的工作单位离家并不远，即使工作了也不必在外租房，仍旧和父亲一起生活。李毅退休后，日子过得很惬意，平时和邻居一起切磋棋艺、锻炼身体，再加上儿子年轻有为，很多人都说李毅终于熬出头了，对他羡慕不已。和儿子吃完饭后聊天交流已经成为李毅每天的习惯，这样的生活李毅很满意。他不禁想，相信老婆在天之灵也会很欣慰吧。

这一天，李舟和父亲吃过饭后，照常给父亲讲自己在工作中的趣事，往常总是被逗得哈哈大笑的父亲却有些心不在焉。李舟觉得有些奇怪，便问道："爸爸，您怎么了？有什么事情吗？"李毅欲言又止。"爸爸，从小您就告诉我，咱们不光是父子，也是朋友，有任何事都要一起面对。您到底怎么了？"李舟着急地对父亲说道。在儿子不停的追问之下，李毅道出了实情。原来，今天下午，他跟邻居赵老头锻炼时，赵老头邀请他周末来参加自己儿子的婚礼，李毅很是眼红。转眼到了李舟成家的年龄，李毅也想给儿子张罗一门亲事。听父亲说出原委，李舟哭笑不得："原来就是因为这个呀！您也知道我工作忙，没什么时间考虑这件事。要不您平时帮我留意有没有合适的姑娘，觉得不错的我们就约着见见，您看行吗？""行，当然行，就等着你这句话呢！"李毅高兴地说道。

第二天，李毅兴冲冲地请邻居们帮忙，老邻居们都深知李毅这些年的不容易，纷纷热情地给李舟介绍认识的合适姑娘。虽然介绍了很多，但都没有成功。李毅看在眼里，愁在心里。李舟是个孝顺的孩子，一直都很听父亲的话。看着父亲为自己的终身大事愁眉不展，内心也很着急，其实，李舟对另一半要求并不高，只要性格好、对父亲好就行。这几次相亲的失败，一方面，是由于李舟性格腼腆，与相亲对象见面后非常害羞，不好意思聊天，往往都是对方在找话题。另一方面，尽管单亲家庭的李舟从小得到的爱并不比其他同龄人少，甚至李毅尽可能地给予李舟更多的父爱来弥补缺失的母爱，可仍有相亲对象一听到李舟的家庭状况就打了退堂鼓。李毅很不明白，儿子样貌、工作都不错，为什么总是相亲失败呢？在和邻居老赵下棋时李毅再也忍不住说出自己的疑问。老赵想了想说道："相亲这种事着急不得的，要靠缘分。现在的孩子可不像咱们年轻时那样，慢慢来，不要着急。"听了老赵的分析，李毅宽慰了不少，心态也变得平和了。

李毅的生活又重归平静，不再那么热衷于给儿子说亲。然而没过多久，儿子李舟给他带来了一个大惊喜。周五晚上吃完饭，李舟照常跟父亲聊天，聊到最后不好意思地说："爸，这周末想给您介绍个人。"李毅觉得奇怪，忙问道："什么人？同事？朋友？"李舟扭捏了一下才对父亲坦白道："其实，我最近交女朋友了。""什么？怎么认识的？哪里人？做什么工作的？"李毅抛出了一连串的问题。"爸，您别着急，听我慢慢给您说清楚。"接着，李舟就将事情的来龙去脉全部说了出来。原来，李舟由于相亲失败内心也很苦闷，对感情的事甚至不抱希望了，为了舒缓心情就专注于工作。在工作中，认识了客户公司的员工张慧。通过几个月的工作接触，二人渐渐有了好感。两人感情一稳定，李舟就立刻把这个好消息告诉父亲了。李毅听了很高兴，连忙让李舟周六就将张慧请到家里来，顺便问问张慧有什么爱吃的菜。看着红光满面的父亲，李舟连连应好。

周六一大早，李毅就跑到菜市场去买新鲜的蔬菜和水果，准备露一手招待儿子的女朋友。上午 10 点，张慧随着李舟来到家中，看到在厨房忙碌的李毅就要过去帮忙。李毅赶忙说："不用不用，我自己就行了。李舟，快请张慧到客厅去吃水果，今天早上我特意去菜市场上挑的。"张慧不依："哪能让您一个人做饭，我们年轻人却坐着聊天呢？"李毅看张慧很坚持，便请她帮忙洗菜切菜。李毅多年练就了做菜的好手艺，张慧平时也爱做菜，两人一边准备做饭一边聊着做菜心得，很是和谐。很快，丰盛的饭菜就摆上桌，三人都坐了下来。

饭桌上，李毅热情地给张慧夹菜："来，忙了这么久，快尝尝我的手艺！"张慧尝后夸奖道："真好吃！李舟一直跟我说您做饭好，今天终于有机会体验一次了。""哪里哪里，我看你的刀工才好呢。现在的小姑娘都不怎么爱自己动手做饭了。没想到你这么熟练。""我从小就跟着妈妈学做家务，现在为了给女儿补充营养也在上课学习相关知识，熟能生巧罢了。""女儿？"李毅听到张慧居然有女儿了惊诧不已。李舟本想时机成熟后再跟父亲说这件事，没想到张慧不小心说了出来，看到父亲的脸色变了，李舟便转了话题。李毅接下来都食之无味，恨不得马上把事情弄清楚，又觉得这可能有什么误会就强忍着心中的疑惑。终于，下午张慧走后，李毅迫不及待地拉着李舟追问到底怎么回事。李舟让父亲不要急，将他拉到沙发上坐下才道出原委："张慧曾经有过一段短暂的婚姻，而她的女儿就是和前夫的孩子。"刚听到这，李毅就要开口打断儿子，李舟继续说道："您先听我把话说完。我知道您要说些什么，但我想告诉您的是，我很喜欢张慧，她也很喜欢我，她是一个善良孝顺的人，有过一次婚姻和一个女儿不能成为禁止我们在一起的理由。请您答应我们在一起吧。"李毅默默无言，内心却不能平静：儿子是真的长大了，估计自己说什么也不能改变他的决定。李舟看父亲有些松动，又继续补充道："我知道您这么多年独自抚养我很辛苦，张慧如今自己带着一个孩子，不正像当年的您吗？我希望和她一起承担这一切。"这句话更是戳中了李毅的心，过了半晌，叹口气说："好吧，我答应。虽然今天才接触，但看得出张慧是个不错的人。她很不容易，今后你要对她好。"

半年后，李舟和张慧领证结婚了，李毅高兴地邀请邻居们来喝喜酒。继孙女小雪活泼可爱，很受大家的喜爱，李毅更是对她宠爱有加，当成自己的亲孙女。张慧和李舟上班时，都是李毅将小雪带在身边照顾，小区里常常可以看到这一老一少的身影。李毅在下棋时，小雪就安静地坐在旁边观看，一旦李毅赢了，小雪就蹦蹦跳跳地欢呼："我爷爷赢了！太厉害了！"老赵笑着说："一下就有了这么大的可爱孙女，你可偷着乐吧！"

李毅一直与儿子、媳妇、继孙女一家老小居住在李毅名下的一套房子内。时光飞逝，转眼到了2007年，小雪长成了大姑娘，正在读高三。由于课业紧张，晚上经常学习到深夜。而李毅年龄渐长，身体不似以前，睡眠质量不太好。为改善家人居住条件，李毅自愿入住社会福利院，把房子留给儿子一家居住，以自己的退休金来支付福利院的各项费用。张慧说什么也不同意："一直都是您照顾我们，该轮到我们孝顺您了，您怎么能去福利院呢？"李毅知道儿媳的孝心，解释道："这你就不了解了吧，福利院条件挺好的，我去了还可以和年龄差不多的人一起生活，还可以和隔壁老赵做伴呢。你们要是想我，周末多来看看我。"最终，不顾儿子、儿媳的挽留，李毅住进了福利院。安稳日子就这样过了三年。其间，小雪不负家人的期望，考上了心仪已久的大学。

2010年1月，小雪来福利院找李毅，称自己出国留学需要担保，问李毅能否以他名下那套房屋作抵押，协助自己办理留学手续，三个月后归还房屋。小雪品学兼优，多才多艺，李毅一直都以孙女为傲，了解到她现在有机会出国深造，更是一百个支持。孙女虽非亲生，但自幼便入住李家，多年的共同生活早已不分彼此，于是李毅不假思索就同意了。之后，李毅与孙女小雪一起办理了相关手续，签署了各项文件。老人年事已高，视力弱，又几近失聪，在未弄清文件的性质、用途的情况下他就签上了自己的名字，以为帮孙女办妥了"出国留学"的手续。

2010年6月，李毅长期居住在宁波的侄女想回上海，需要办理居住证，向李毅借户口簿、房产证时发现房产证上的名字已不是叔叔李毅，而是小雪的名字。问及此事，李毅说是继孙女将房子借去三个月，到时候会还的。李毅的侄女立即找到小雪，表示时间已经过去三个月了，请她归还房屋，变更所有权人名字。此时的小雪虽承认“借过”房子，但拒不归还。李毅得知后伤心不已，本来自己是为了家人才住到养老院，没想到继孙女却设局把他“扫地出门”，这可如何是好！

同在福利院的老人们看到平时开朗的李毅茶不思饭不想，纷纷询问他怎么了。李毅原想家丑不可外扬，可凭自己的力量实在不知道如何是好，便将实情说了出来。大家先安慰了李毅：“年龄都这么大了就不要为这些外物所影响，事情总会解决的。”之后就七嘴八舌地出主意，有的说去找李毅的儿子和儿媳，让他们解决这件事，有的说让李毅不要再理那家人，干脆请个律师维护自己的合法利益。李毅怎么可能放下儿子一家不再理会呢？在老赵的陪同下，他回到家里，将事情一五一十地告诉了儿子、儿媳，请他们规劝小雪。李舟和张慧听了之后始终难以相信，小雪一直都是乖巧善良的孩子，怎么会这样对爷爷呢？无奈小雪并不在家，于是二人拨通了小雪的电话，质问她到底怎么回事。小雪拒不承认，说房子是爷爷卖给自己的。没想到儿子、儿媳并不能改变现状，眼看让小雪主动归还房子无望，万般无奈之下，李毅转而向律师寻求帮助，杨律师详细询问了案情，给出了专业的意见。可在谈到律师费用后，李毅却犹豫了，自己的退休金都用来交福利院的生活费，以前也没攒下什么积蓄，哪里有钱支付律师费呢？身旁的老赵看出他的犹豫，深知他的情况，主动借给他钱。坐在一旁的杨律师却给出了更好的建议，让李毅去法律援助中心申请，他的情况完全符合援助的条件，可以免费得到援助。于是，李毅找到了法律援助中心，希望通过法律手段追回自己失去的财产。

除此之外，杨律师还提到《法律援助条例》规定公民申请法律援助应当提交下列证件及证明材料：身份证或者其他有效的身份证明，代理申请人还应当提交有代理权的证明；经济困难的证明；与所申请法律援助事项有关的案件材料。因此，杨律师建议他提前准备好相关材料。在寻求法律帮助时，李毅出示了事先准备好的福利院的入住协议书和福利院出具的老人经济状况证明。

尽管李毅的情况并不属于《法律援助条例》规定的受理事项范围，但随着经济社会快速发展，困难群众对于法律援助的需求日益增多，进一步扩大法律援助受理事项范围，使法律援助更好地适应社会需求，是法律援助事业发展的必然趋势，也是法律援助制度逐步健全的反映。扩大法律援助受理事项范围，不仅有利于畅通困难群众诉求表达渠道、加强对弱势群众的保护，而且有利于维护社会和谐稳定，促进社会公平正义。因此，李毅所在的省出台了相关法律，新增了法律援助六项事项，其中之一便是因房屋居住权受到严重侵害请求赔偿。法律援助中心考虑到李毅年事已高，根据福利院的说明，他患有心脏病、高血压、糖尿病等疾病，高额的医药费及福利院的费用对于仅有退休金的老人来说已是入不敷出，生活存在实际困难。法律援助中心决定以“与居住权相关的权利”为由，为李毅提供法律援助，指派金言律师事务所的张洋律师承办本案。

庭审中，李毅的继孙女拒绝接受归还房屋一说，表示这是李毅以 80 万元人民币的价格卖给自己的。所有文件签名均为李毅的亲笔书写，司法鉴定显示其神志清醒、具有完全民事行为能力。张律师抓住 80 万元从未支付过，以及订立合同时有重大误解等突破点与被告展开辩驳，着力化解案件中对李毅不利的因素。李毅看着小雪，还是难以接受这样的事实，自己从小看着长大的孙女居然骗了自己，他始终相信孙女是有苦衷的，不愿将事情闹僵。李毅将自己的想法提出来，张律师很理解老人的心情，于是便尝试着与小雪及其律师和解。李舟和张慧都觉得很愧对父亲，女儿瞒着他们做了这样的事情。二人严厉地批评了小雪，将以前爷爷对她的精心照顾详细讲给她听，指着一张张全家人出去游玩时拍的照片介绍当时的趣事，回忆着往事，小雪泪如雨下。

最终，小雪去办理了房屋产权过户手续，随后和父母来到福利院将李毅接回了家，郑重地向爷爷道歉，承认了自己的错误，希望得到爷爷谅解。鉴于原、被告达成和解，法院就没有继续审理。这起案件终于得到了圆满解决。

16. 花季少年走弯路 司法救助不起诉

和许多农村孩子一样，16 岁的小李长得虎头虎脑，一开口就让人觉得他乖巧懂事。小李的父母在他和弟弟小的时候就来到上海工作，由于工作很忙不方便照顾他们，便将他们送回了在苏州农村的爷爷奶奶家。上五年级时，一方面因为爷爷奶奶年纪大了，另一方面为了接受更好的教育，小李和弟弟跟着打工的父母从苏州老家来到上海。

转眼四年过去了，现在的小李已是初三某班的班长，他逐渐适应了新的校园生活，每学期都被评为“三好学生”。回想刚刚来到上海时，第一天回家后父母问他对新学校的印象，他用“很不一样”来形容新老学校的差别：“老家的学校又破又小，只有一幢楼，只开数学和语文课，而且课上得很单调，一点也不像现在这么生动活泼。我在这里学习非常开心。”

其实，刚进校时的小李有点自卑，可是他想只要努力，就不会比本地的学生差。第一次在语文课上站起来回答问题，他很紧张，加上浓重的苏北口音，引得全班同学哄堂大笑。语文老师告诉全班同学小李回答得很好，让大家向他学习。多亏了语文老师的表扬，小李有了信心和勇气。从那以后，小李每次上课都主动举手发言，现在是班里回答问题的“一号选手”了。还有一次是音乐期末考试，他唱了一首《凤阳花鼓》。因为从没当众表演过，他唱得不是很好听，可同学们都为他鼓掌叫好。通过这一段时间的接触，小李感觉得出来，同学们对他不是嘲弄或起哄。由于来到上海时间并不算长，小李还不会讲上海话，但在学校里他和同学们也会讨论问题。小李深深地认识到，来上海读书后他学到了很多东西，在劳动课上学会了折纸和木工，丰富了课余生活，思想品德课的老师非常幽默，让人听得津津有味，他过去从没碰过电脑，现在已经学会了上网，尽管只是校园网，但基本知识都已经掌握。

比小李小一岁的弟弟，跟他在同一所初中，弟弟今年读初二。父母忙着打工，家务活几乎都由兄弟俩分担。每天放学后，他们回家要先做好晚饭再做作业。中午有 2 元钱吃饭，但为了节约下来买课外书和文具，兄弟俩有时就不吃午饭。他们从来不向爸爸妈妈要钱，要买书都用自己节省下来的饭钱。身边的其他同学买这买那，他们并不动心，因为深知爸爸妈妈已经很不容易了，自己应该懂事了。兄弟俩自小一起长大，感情非常好，学习上也不相上下，按成绩都可以上民办初中。但父亲说，家里没有钱让两个人都上民办初中，只能上普通的初中。懂事的小李和弟弟悄悄讨论过了，以后考高中或者上大学时，如果家里只能供得起一个人上，他们都会把机会让给对方的。而小李坚决地说他一定会说服弟弟，由他辍学赚钱供弟弟上学。但是这样的想法他们不敢告诉父母。

像小李和弟弟这样从外地来上海读书的学生很不容易。他们和本地孩子相比，更加懂事和认真，很少有娇气和懒惰等坏毛病，而且非常珍惜现在的学习机会，上课很少开小差。在小李所在的初中，全校2100多名学生中，外来流动人口子女已超过三分之一，有800多人。学校的老师不搞区别对待，相反，在刚入学时，还会对他们格外多一点关心和帮助。不过，尽管同在一个校园，外地学生常常显得比较内向沉默。面对未来的升学与竞争，这些初来乍到的学生，还需要更多的帮助与鼓励，还要争取更多公平的机会。

小李性格安静，唯一的爱好就是看书学习。小李的妈妈曾经对他说过一句话：学习好比什么都好。于是，小李总是高效利用时间学习，平时学校布置的作业只要一个小时就做完了，可是他认为自己的基础比较差，需要多下功夫，所以他每晚都要学习到10点。进校一学期后，他的成绩就有了明显提高，现在语文、数学成绩都是班里第一名。竞选班干部时，很多同学都佩服他，觉得他是一个刻苦自律的好学生，纷纷投票选他当班长。由于学习优异，同学们都很喜欢利用课间时间向他请教难题，他每次都耐心地讲解，从未有过任何不耐烦。老师们也很喜欢这个听话的学生，很注意培养他，期待他在之后的中考中发挥稳定，为校争光。小李的父母虽然工作很辛苦，但每次看到小李带回来的奖状和成绩单，都会得到很大的安慰，更加充满干劲地为未来打拼。

然而，就是这样一名刚满16岁的花季少年，本该抓紧青春时光，继续为未来学习奋斗，可因过于胆小，缺乏法律常识，糊里糊涂地陷入了一场抢劫案。

一天下午放学后，小李像平日一样早早收拾好书包，想要尽快回家复习，准备即将到来的期中考试。刚刚走出校门，就被几个不认识的高年级学生拦住了去路。小李不明所以，想要绕开他们继续向前走。其中一个领头的学生马某却一把拉住了小李的书包，将他带到了不远的胡同内，几人站定后，马某笑眯眯地说道："同学，怎么看见我们就走呀，我们又不是坏人。"小李没遇到过这种事情，猜想可能是误会，忙问道："你们是不是认错人啦？我不认识你们。"马某摆摆手说："没有认错人，而且我们本来就不认识。不过呢，你别怕，只是听说你很乐于助人，所以我们想请你帮个忙而已。"小李暗觉不妙，谨慎地说："我能力有限，恐怕帮不了你们。你们就让我走吧。"马某身旁的陈某不耐烦地推了小李一下："废什么话，让你帮忙你就照做。敬酒不吃吃罚酒，你可就要吃不了兜着走了。"小李哪见过这种架势，完全被吓到了，同时明白自己今天难以脱身了。犹豫纠结了一会儿，小李实在没有办法，便问他们到底让他做什么。

原来，马某、陈某等四人经预谋，携带铁管来到学校附近伺机抢劫低年级学生。但学校门口人太多，实在不好下手，便想出了随便先找个本校学生，让他帮忙引诱同学至隐蔽地点的方法。很不幸，小李成了他们"选中"的帮手。于是，马某、陈某要求小李骗几个同学到学校附近的胡同以便他们实施抢劫，小李一听坚决不肯，他一向老实，不想做这种欺骗同学的事，便拒绝说："不行，我不能帮你们做坏事。你们做这些是会坐牢的。""怎么会呢？我们只是最近手头紧，跟你的同学们借点钱而已。再说，万一真的出事了，我们做的事不会连累到你的。你不过是叫几个同学过来，又不是叫你跟我们一起拿他们的钱。"小李还在纠结，马某等人便再一次宽慰道："现在你也知道了我们的计划，已经是我们中的一员了，你帮不帮忙都无所谓了。如果你帮助我们做完了这件事，我们就再也不会找你了。如果你不帮忙，我们可不敢保证没有下一次。"小李感到十分惶恐。因为担心自身安全，只得听从马某等人的安排。

小李回到了学校门口，身旁有三三两两的同学结伴而行。想到马某让他引几个同学到胡同，可是不认识的同学又怎么会跟自己走呢？他四下环顾了一番，恰巧看到了同班的小威和小卓，小李在班里的座位就在他们后面，和他们还算熟识，只得走向他们。小威和小卓看到小李，高兴地跟他打招呼：“班长，你不是每次都是班里最早回家的人吗？怎么今天又回来了？是不是忘带东西啦？”小李内心不停地跟他们说着“对不起”，说谎答道：“不是，我有些事需要你们帮助，你们能跟我过来一下吗？”小威和小卓根本不会想到小李要将他们交给马某等人，再加上平时小李总是热心解答他们的数学难题，就毫不犹豫地满口答应，跟着小李走到马某等人“埋伏”的地方。小李将两个被害人骗至指定地点，随即马某、陈某、张某、郑某四人抢劫了小威和小卓各一部手机。事后，小威质问小李：“你说的帮忙就是让我们被人抢劫吗？想不到你是这样的人！”小李连连道歉：“对不起，我真的不是故意的，是他们说我不听他们的就不放过我，我没有办法，请你们原谅我吧。”小卓说：“同学一场，我了解你是什么人。你是被迫的，不用跟我们道歉。不过现在不是说这些的时候。我们的手机被抢走了，不能就这么算了，该怎么办呢？”“我们不能直接去找刚才那些人，他们拿着铁管，我们不能去冒这个险。我们报警，找警察吧。”小李恢复了冷静，带着小威和小卓来到派出所。

派出所的警察看到三个学生走了进来，连忙起身询问，三人你一言我一语地说着刚刚的经历，警察让他们不要急，一个一个慢慢说。听了三人的叙述后，警察意识到事情的严重性，分别联系了三人的家长。小李的父母迟迟不见小李回家，正在家里着急，接到派出所的电话更是心急如焚，担心儿子出了什么事，急急忙忙地赶到派出所。警察将他们叫到一旁告诉他们小李可能涉嫌抢劫同学。小李的父母听了这个消息，犹如五雷轰顶，两人怎么也想不通一直老实听话的儿子竟会触犯法律，怀疑会不会搞错了，可小李自己和受害人的说法完全一致，小李对马某等人的被迫“帮助”无疑是确定的，而这也无疑将小李放在了不利的地位。最后，公安机关根据小李的描述抓到了将劫得的手机销赃后正在挥霍的马某几人，随后检察院提起了公诉。

事情已经发生，小李的父母只得尽可能想办法请好律师帮助儿子，可他们的工资维持日常生活都紧巴巴的，根本不足以聘请律师。二人对法律并不了解，不明白儿子明明没有抢同学的手机，也没有分得到赃款，而且还主动带同学去找警察，怎么就成了犯罪嫌疑人呢？而且如果儿子真的被认定犯罪判处刑罚，恐怕今后都要受这件事的影响，大好的人生才开始没多久就受到这么大的打击，无论如何，一定要为他做些什么。他们先找到小威和小卓的家里，向他们的父母请求原谅，希望他们谅解小李当时不得已的行为。两家家长完全理解小李父母的不容易，而且所幸小威和小卓也没受到大的伤害，因此并没有为难小李的父母。相反，在小威和小卓说出小李常常利用课间时间解答他们的问题后，两家家长请求法院对小李从轻处理。之后经好心人指导，小李的父母得知公诉人出庭公诉的案件，被告人因经济困难或者其他原因没有委托辩护人，人民法院为被告人指定辩护人时，法律援助机构应当提供法律援助。于是，小李的父母便将家庭的相关情况告知了法院，希望得到援助。了解小李的家庭困难后，区人民检察院未成年人刑事检察科向法律援助中心发出了《提供法律援助意见书》，法律援助中心收到后为犯罪嫌疑人小李指定了易东律师事务所宋律师为其辩护。小李的父母立即联系宋律师，请求宋律师一定要帮助小李尽快回到学校继续学业。宋律师请小李父母放心，自己一定会尽力而为。宋律师在接受指派后，立即查阅案件资料，会见犯罪嫌疑人，调查取证，并作为辩护人向检察机关提交了辩护意见书。

宋律师对公安机关指控犯罪嫌疑人小李涉嫌抢劫的犯罪事实和定性无异议，但指出小李的犯罪具有从轻减轻的法定情节。第一，小李犯罪时未满 18 岁系未成年人，依法应当从轻或减轻处罚；第二，犯罪嫌疑人小李在共同犯罪中只起到辅助或者次要作用，属从犯，依法应当从轻、减轻或者免除处罚；第三，小李在犯罪以后自动投案如实供述自己的罪行，是自首，也应当从轻、减轻处罚；第四，小李在本案中犯罪情节显著轻微。综合上述理由，应对小李免予处罚，故建议检察机关不予起诉。

宋律师恳请检察机关充分考虑其犯罪情节及法律规定，对小李免予处罚，作出不起诉决定。检察机关充分考虑了宋律师的意见，根据对未成年人“教育为主，惩罚为辅”的原则，认为小李犯罪时未满 18 周岁，在共同犯罪中系从犯，依照刑法规定不需要判处刑罚，遂依法作出了不予起诉决定。区人民检察院向小李送达了《不起诉决定书》，明确该决定不进入人事档案，有条件地封存于司法机关，非经批准不得对外披露。小李终于可以再次坦然地面对社会、面对生活，回归校园，重获新生。

重回校园的小李面对同学们和老师还有些尴尬，生怕大家觉得自己是个“坏人”，可老师和同学们不但没有疏远他，反而积极地帮助他追赶学习进度，他们笑着对小李说：“以前都是你给我们讲解数学题，这次终于有机会让我们大显身手了。”小李很感谢他们的宽容，当然更加感谢法律援助中心的工作人员和宋律师，唯有刻苦学习将来为社会作出贡献才是对他们最好的报答。小李的父母出于对宋律师的感激，想要给他报酬，说道：“宋律师，没有您的援助，我们真不知道如何是好。虽然钱不多，请您接受我们的一点心意。”宋律师谢绝道：“我也只是依法办事，小李是个好孩子，能够帮助到他我很高兴。”看到宋律师这么坚决，小李的父母只好作罢，但之后还是给法律援助中心和宋律师各送了一面锦旗。

未成年人由于阅历与知识的储备有限，往往迷迷糊糊就走上了犯罪道路。小李便是典型，在“犯罪”的那一刻浑然不觉。小李对宋律师讲：“我当时认为我并没有抢东西，事情与我无关。”连受害人也未认识到小李是实施抢劫者的一员，而把他当成了“共同被抢的受害人”，只是这个“受害人”比较侥幸，身上没带财物，所以在“遭劫”时没有损失。事后，小李意识到，他的无知与怯懦，让他成了“帮凶”。所幸的是，小李通过此事已意识到自己的过错，愿意像个男子汉一样承担起责任。

“人谁无过？过而能改，善莫大焉。”援助律师愿意称这些未成年犯罪的孩子为“受援人”，这是他们共同的名字，援助律师愿意忘记这些孩子的真实姓名，却希望这些孩子牢记这段惨痛的记忆，走过这段记忆，重新站立起来的他们还是社会不可缺少的一员。愿他们永留感恩与道德在心中，完美地走向自己今后的人生。

叁

诉讼篇

17. 两级法院拒再审　申诉莫忘检察院

魏蓝与荣添都来自偏远的农村，魏蓝比荣添大两个月，他们从小一起长大，情同兄弟。他们各自的父母关系也很要好，逢年过节常常聚在一起庆祝，平时两家人有事时便有商有量、互帮互助。虽然两家的家境都不富裕，但父母们都没有放松对孩子的教育，他们觉得只有让孩子走出大山，才能有美好的未来。荣添、魏蓝到了上学的年龄后，两家人就商量着将两个孩子送到县城的一所小学读书，虽然学校离家很远，但两个小兄弟可以做伴上学放学，互相有个照应。

在学校里，兄弟俩分在不同班级，两人的个性也是越来越分明。荣添踏实肯干，各方面表现虽不算出类拔萃，但也是稳扎稳打，力争上游。而魏蓝从小就有股闯劲儿，学习体育样样争强好胜，各种考试竞赛一定要争个第一回来。荣添在自己的班里排名前十，而魏蓝只有一次考试失手考了第四名，其他时候都是名列第一。就这样，小学的时光很快过去了，两人都争气地考上了市里的中学，从初中到高中，他们依旧像往常一样一起开心地成长着。比起荣添的按部就班而言，魏蓝的城府则变得越来越深，骨子里的精明又添了几分，有时看着荣添学习生活上傻乎乎的样子，魏蓝打心眼儿里着急，总想给他出谋划策，叫他不要总是出蛮力，要学会审时度势。

很快，高三到了，荣添一心希望能够考上重点大学学习经济，他也一直朝着这个目标努力。而魏蓝，却在关键的一年做出了一个让大家颇为吃惊的决定——不再参加高考，要下海经商。老师、家长轮流找到魏蓝，希望说服他改变主意，继续读书，大家都认为他在班里成绩一直名列前茅，就这样放弃参加高考的机会实在太可惜。

魏蓝每天被大家“连番轰炸”，心理压力越来越大，一天放学，他拉着荣添到了市中心。虽然兄弟俩出生的地方偏远，但他们读书的地方在几年间发展迅速，已经盖起了高楼大厦，商业区也有了一定规模。荣添不明白魏蓝为什么要带自己来这里，但他知道魏蓝是想向自己倒倒一直以来压抑在心里的“苦水”，于是就一路默默跟在魏蓝身边，等着魏蓝说话。

到了最繁华的街道，魏蓝终于开口了，他指着周围的高楼大厦说："这里面全部都是机遇，我是属于大世界的，我要出去闯荡。到大城市读书，当然可以开阔视野。但这样太被动，每天只是坐等老师教一些书本上的知识，要知道，生活中最需要的知识，还得靠自己到生活里面去找，除了读书以外，大城市里还有太多选择，千千万万种可能，只要抓住机遇，随时可能闯出自己的一片天……"说着，魏蓝从书包里拿出了一本自己做的剪报，里面满满都是各种商界精英的传记、采访，还有各种财经新闻和创业故事，上面全都是红笔勾勾画画的标记。"荣添，你从小就比我踏实，读书很适合你，可是我不同，我真的不甘心自己被困在学校里，每天靠向爸妈伸手要钱生活，我想有自己的事业，你看这些商人，他们很多都没读过多少书，但是他们有眼光，会投资，现在都成功了，我一定要坚持自己的梦想，我一定会成功，荣添，你支持我吗？"一直没有表过态的荣添从魏蓝眼神里读出了坚定，他也觉得魏蓝的想法虽然大胆，但是确实有道理，谁说出人头地就一定要靠读书，到外面闯闯也许才是最适合他的。荣添拍了拍魏蓝的肩膀，点了点头。

高三很快过去了，魏蓝的父母看到儿子心意已决，便不再多加阻拦了，他们最终也支持儿子出去创业。荣添还是一如既往地认真地准备着考试，最终，荣添考到了上海的重点大学，魏蓝也来到上海创业打拼。

开始的一年多，魏蓝先是在各个企业打些零工，赚到的钱大部分都存了起来，一有机会就和身边的人聊天，听他们讲自己的故事，有成功的也有失败的。业余时间，他也会找来一些经济方面的书读，由于学习底子不错，大部分内容也都能够吸收。而荣添在大学除了以往的勤勉之外，也多了几分冲劲儿，各种奖学金一个接一个拿。虽然在同一座城市，但由于各有各忙，两兄弟很少见面了，只是偶尔通个电话聊聊现状，说说心里话。

到上海的第三年，魏蓝攒了不少钱，也对整个商业环境有了一定的了解，觉得是时候开始自己的事业了，他辞了职，开始自己创业。他在闹市区租了一个小店面，干起了特色小餐馆。由于打工期间爱和各种人交流，再加上自己读过不少关于营销方面的书，魏蓝市场定位准确，营销策略得当，开业不到一年，他的小店就成了微博上的热门餐厅，每天除了老客户以外，还有很多慕名而来的客人，店面渐渐显得太小了，于是他很快开了第一家分店，生意同样是红红火火。这时，荣添也以优异的成绩从大学毕业了，虽然现在找工作竞争激烈，但由于荣添在学校表现出色，所以在毕业前便有很多大公司、银行向他伸出橄榄枝，他从中挑选了一家实力雄厚的公司，入职后，荣添认真负责的态度很快得到了领导的赏识，成为公司的骨干成员。

魏蓝看着自己的兄弟这么成功，也是真心替他高兴，一想到两人在上海都各自打拼出了一片天地，是时候该回家看看父母了，于是他找来荣添商量着给父母们买些营养品，然后便一起回家了。见到了儿子，两家老人都开心得不得了，津津有味地听着他们讲这么多年来各自的经历。魏蓝和荣添工作繁忙，所以没在家待上几天就匆匆地回上海了。临行前，魏蓝的父母说道："魏蓝啊，你有胆有识，我们大家都知道，但是一个人在外面做生意，有的时候还是要谨慎些，荣添从小就老实，有事情的时候记得多找他商量商量，不要总是去冒险，我们不求你大富大贵，就求你能过得安稳。"接着荣添的父母也对荣添说："你和魏蓝从小一起长大，魏蓝对你照顾不少，你现在也有能力了，以后你蓝哥有需要，你也要能帮就帮。"两兄弟告诉父母们放心，又嘱咐了几句便回上海了。回去后，魏蓝继续发展自己的生意，陆续开了十几家分店，荣添也从普通职员一步步成了公司财务部主管。

虽然生意不错，赚钱不少，但是魏蓝还是觉得应该继续扩展业务，不能只局限在餐饮行业。于是，他决心要搞房地产，把企业做大。由于资金大多用于公司运作，魏蓝一时筹不来太多的流动资金进行投资，他便到银行进行贷款，由于数额巨大，而魏蓝担保不足，所以贷款迟迟没有批下来，就在这时，魏蓝想起了荣添。

魏蓝打电话给荣添，约他出来在咖啡厅见面。荣添爽快答应并按时赴约。魏蓝先是把自己的计划和荣添说了一遍，然后提及自己没有足够的资金，要向银行贷款，但贷款又没有足够的担保，荣添主动开口问：“哥，这么多年你待我如亲弟弟，现在你的事业正是发展期，有什么需要帮忙的尽管开口，我一定全力协助！”听了这话，魏蓝着实是感动不已，一开始他还担心自己的计划会被荣添驳斥，但听了这番话，便放心大胆地对荣添说道：“荣添，我是这么打算的，我想找你们公司给我做贷款担保人，可是要通过正常程序的话，你们这种大公司一定不会提供风险这么大的对外担保，所以我想啊，你不是你们公司的财务部主管吗？前阵子还听你提起你们公司高层挺信任你的，公章也在你手里，你能不能帮我在借款担保合同上盖个公章，再签上你们公司经理的名字，帮我把这笔款贷下来，到时我一定把钱还上，绝不让你为难，你看行吗？”荣添一听，没想到魏蓝会有这么过火的提议，最初先是惊讶，但考虑到自己从小确实一直被魏蓝照顾着，而且刚才自己也满口答应了，不能就这样轻易反悔，于是，荣添答应了魏蓝的要求。

第二天，荣添就在魏蓝带来的合同上加盖了公司的公章，然后又签上了公司经理的名字。魏蓝借此顺利得到了贷款，发展起了房地产，一开始发展得挺顺利，几个月的盈利远远高于餐饮店，魏蓝胆子越发大了起来，他陆陆续续卖了几家餐饮分店，把资金全都投向了房地产项目。

可之后的事情未如兄弟二人预想得那般顺利，由于魏蓝缺乏相关领域的经验，投资房地产实属一时冲动，没过多久魏蓝就把全部资金亏了进去，到期还贷时拿不出钱，银行催了几次未果，最终起诉到法院，要求魏蓝的公司偿还贷款本息，同时请求荣添所在公司对该笔债务承担连带责任。

事情闹大了，魏蓝与荣添都不知该如何收场，一下子慌了神，荣添来到魏蓝的办公室，找到魏蓝，质问他为何不三思而后行，为何要把自己拖累到如此地步。荣添对着魏蓝声嘶力竭地大吼，发泄着自己的愤怒，魏蓝无力辩驳，荣添摔门而去。

魏蓝点了一支烟，瘫坐在椅子上，他抬眼看到办公室的展示柜，最显眼的位置摆放着他和荣添一起去登山的照片，那时的他们是父母眼中的骄傲，有着各自的事业，在上海这样的大都市也有自己的一席之地，这些都是他们兄弟俩一步一个脚印换来的呀，可如今因为自己的鲁莽跟风，不但赔了自己的生意，还把兄弟的前途毁于一旦，最重要的是他深知这份难能可贵的友谊已经走到了尽头。

荣添和魏蓝面对着早已不在自己控制范围内的事情无所适从，只得无助地任由事情发展下去。法院受理了银行的起诉后，荣添所在公司法定代表人参加了开庭，他在庭上否认了其公司对诉争债务提供了担保，但法院仍认定合同内容为该公司真实意思表示，判决该公司应对案涉债务承担连带责任。该公司不服一审判决，提起上诉，二审法院经审理后维持原判。终审判决之后，荣添所在公司仍不服，向法院申请再审，法院驳回了该公司的再审申请，荣添和魏蓝以为事情就这样结束了。

可谁知，该公司向人民检察院申请抗诉。魏蓝和荣添一看，又傻了眼，二人没有相关法律知识，不知道原来终审之后还能向检察院申请抗诉，于是他们找到律师咨询相关问题。律师为他们解答道："我国《民事诉讼法》规定人民检察院有权对民事诉讼实行法律监督。第二百零九条规定'有下列情形之一的，当事人可以向人民检察院申请检察建议或者抗诉：（一）人民法院驳回再审申请的；（二）人民法院逾期未对再审申请作出裁定的；（三）再审判决、裁定有明显错误的。人民检察院对当事人的申请应当在三个月内进行审查，作出提出或者不予提出检察建议或者抗诉的决定。当事人不得再次向人民检察院申请检察建议或者抗诉'。检察监督原则是我国民事诉讼上的一个原则，也就是说人民检察院有权对人民法院的民事诉讼活动实行法律监督。人民检察院是我国的法律监督机关，对民事审判活动实行法律监督是人民检察院法律监督职能的重要组成部分。检察机关监督民事诉讼，对于维护法制的统一，保障人民法院正确行使审判权，维护当事人的合法权益都具有重要的意义。"

人民检察院经审查后认为，荣添利用职务之便加盖公章的行为未得到公司的授权，合同中经理一栏的签字也是荣添伪造的，合同的相关内容不能视为公司真实的意思表示，因此案涉借款担保合同无效，人民检察院向相关法院提出抗诉，法院依法再审，支持了人民检察院的抗诉理由，撤销了一审和二审的判决。

虽然荣添所在公司最终不用承担责任，但荣添的行为让公司高层无法再信任他，他也自知无法在公司继续待下去了，便主动向领导递交了辞呈。领导接受了他的辞职，并对他说："我了解你这次是为了兄弟情谊犯了糊涂，但你有能力，我相信你不论走到哪，都能东山再起。"荣添收拾好办公室的东西，离开了他深爱的公司，他漫无目的地在上海喧嚷的街头走着，不知不觉来到了魏蓝仅剩下的店铺门前，他也不知道为何会毫无意识地走到了这里，可能是这么多年了，一直习惯了这里有个人，有个他可以随时依靠的朋友。荣添在门口愣了一会儿神，这时，魏蓝刚好从门里出来，看到荣添抱着一个纸箱子，便猜到发生了什么，他什么也没说，只是默默地站在那里。荣添看到魏蓝，脑子里闪过的不是前阵子的恨，反而是儿时一幕幕开怀的场景，一起上学放学，一起讨论问题，一起畅想未来。想想那时自己和魏蓝刚刚到上海，魏蓝指着高楼大厦对自己说："未来这里一定有我们的一席之地。"这么多年来，魏蓝一直是自己坚强的后盾，如今发生这些变故，大家都很难过，魏蓝变卖了所有的财产用来还债，如今除了一家店面以外一无所有，想到这里，荣添走到魏蓝身边，像多年前一样，拍拍他的肩膀，点了点头。晚上两兄弟聊了整整一夜，心中的隔阂消散了，他们知道，只要努力，未来一定就在不远处。荣添提出要留在魏蓝的店里，和他一起把失去的一切再赢回来。

利用以前积累的口碑，餐饮店慢慢恢复了从前的热闹，餐饮店的一家家分店又陆续开了起来，每家分店经营不同菜系的菜品，几年下来，成了远近闻名的餐饮集团，大小分店开遍了全国。

经过了起起落落，荣添的性子里多了一份坚强，魏蓝则多了一份踏实。

18. 起诉侵权行为人　多家法院可选择

张健一是健一公司的总裁，全市闻名的青年才俊，妻子李敏莉则是市里的优秀教师，两个人相亲相爱，经营着自己的小家。最初健一怕自己工作太忙，没时间照顾孩子，便和敏莉商量着迟些再要宝宝，小两口过了两年二人世界。两年间，健一不管工作多忙，都会抽出时间陪敏莉逛街、吃饭、看电影，还时不时地制造些小浪漫哄妻子开心。若是在家吃饭，小两口饭后总喜欢到楼下散散步，聊聊天。近来，他们遛弯儿时便发现小区里的孩子越来越多，尤其是晚饭后的时间，小区的中央广场上更是聚集了好多小孩儿在那里玩耍，他们追跑着，欢笑着……渐渐地，二人开始觉得两个人的生活有些单调冷清。

一天，敏莉在和健一看电视时，刚好调到了早教频道，敏莉顺势对健一说："健一，你看这些小朋友多可爱，我也想要一个我们自己的孩子，一个小公主，看着她成长，听她哭看她笑，给她买各种好看的衣服，买好多好多漂亮的发卡，给她做营养餐，让她长得健健康康的。带她去上艺术班，看她跳舞，听她唱歌……""哇，好多想象啊！"健一笑着打断了敏莉，"咱们结婚时公司也正好刚刚起步，一切都要我亲力亲为，你也知道我这人，凡事要做就要做到最好，那时要是要了孩子，我肯定没办法成为一个好爸爸，这一拖就是两年，眼下公司各方面也都步入了正轨，我能陪你和孩子的时间越来越多了，不如我们……""不如我们要个自己的宝宝吧！"敏莉抢了健一的台词，开心地从沙发上跳了起来。

很快，敏莉便怀上了自己的小宝宝，敏莉怀孕期间，健一对她更是呵护备至，每天都要抽出时间为敏莉煲上一锅营养粥，为她和宝宝补充营养。敏莉对肚子里的孩子也是百般疼爱，每天定时给肚里的宝宝讲故事，英文的、中文的，她希望孩子能够长成一个知书达理的人。敏莉一心希望能够生下一个小公主，和健一出门散步时，她都爱到家附近商场的童装区逛逛，看看有没有什么新品，然后兴奋地拿着小裙子、小 T 恤比来比去，让健一看哪样搭配才最好看，健一总是笑她说："我可真担心家里将来再添一个像你一样爱臭美的小家伙呢！"

时间飞快，敏莉如愿诞下了一个女宝宝，小两口看着小宝宝可爱的模样，笑得合不拢嘴。“起什么名字好呢？”敏莉问健一，健一笑着答道：“知道你喜欢女孩儿，咱们小公主的名字我一早就想好了，就叫张妤婷好不好？”“妤婷？”敏莉似乎不懂这名字的来由，于是健一接着说道：“希望她长成一个亭亭玉立的女子，一个美好的人儿。”敏莉一听，觉得棒极了。

虽然妤婷还是襁褓中的婴儿，但敏莉对宝贝可是丝毫没有马虎，从妤婷头上的小帽子，到春夏秋冬四季的衣服，再到婴儿的小鞋子，每一样敏莉都是精心挑选。每天敏莉都一边弹着钢琴，一边给孩子讲故事，妤婷只要听到钢琴声便会不哭不闹，小眼神中透出一股全神贯注的劲儿。敏莉和健一觉得这孩子是个可塑之才，说不定将来能成为一个艺术家呢。

妤婷两岁时，每当敏莉弹起经常弹奏的曲子，妤婷总会跟着她熟悉的调调哼着，竟一拍不漏。敏莉这时便下定决心，要发掘女儿的艺术天分。敏莉千挑万选，为妤婷找到一家注重艺术培养的幼儿园，希望妤婷能在这样的环境下对艺术越来越感兴趣。妤婷三岁时，敏莉每天下班接她回家后，就会教她弹琴，妤婷果然好天赋，不但领悟得快，而且不会像一般的孩子一样觉得练琴枯燥，她在琴前一坐就是几个小时。不出一两年的工夫，妤婷就能熟记很多琴谱，弹奏很多曲子了。不单是琴艺上的进步，妤婷还喜欢一边弹琴一边跟着哼曲，嗓音十分优美。

随着妤婷一天天长大，她对自己如何穿衣打扮也越发有了自己的见解。敏莉给妤婷买了许多衣服鞋子，搭配好来给她穿，但她有时会提出自己的看法，觉得妈妈的搭配不够好，便自己换上自己喜欢的一套，敏莉和健一看着一个小淑女在他们面前一步步长成，打心眼儿里高兴。

从小学到初中，再到高中，十几年间，敏莉和健一一如既往给妤婷无微不至的爱，妤婷也在父母的呵护下健康地成长着，坚持学习唱歌、弹琴，再加上平时饮食健康、时时运动，妤婷到了十七八岁时就长成了一个明星胚子，她也像那个年龄的孩子们一样，开始做起了明星梦。妤婷不止一次地和父母提起想要去参加歌唱比赛的愿望，但是健一和敏莉都觉得参加比赛倒是无妨，可是真想成为明星，哪有这么容易，万一耽误了学习，耽误了高考，那岂不是丢了前途。好婷试图说服父母："你们看，我平时也会花好多时间练琴学唱歌啊，可是你们看我的学习成绩，不还是照样很好，这次考试还拿了第三名，你们放心吧！没问题的，让我去参加个比赛而已嘛，而且，不是你们说的，要我全面发展嘛！"健一、敏莉听了觉得也有道理，拦着孩子不去比赛，反而可能会乱了她的心思，不如就由她发展吧。好婷如愿以偿，报了三个月以后的歌唱比赛，很多当红的明星都是通过这个比赛走出来的。三个月里，好婷白天在学校认真学习，尽量把所有作业都在学校完成，晚上到了家便认真练琴练歌。

到了比赛的时候，健一和敏莉都坐在台下观战，虽然之前有所担心，但是他们也很希望见证女儿第一次在台上绽放光彩的时刻。好婷登场的时间到了，她自信地坐在钢琴前，手指娴熟地在琴键上跳来跳去，悠扬的前奏过后，响起了她醉人的歌声，第一句还未唱完，全场便响起了掌声，台下的评委也都相视一笑，默默地点头，健一和敏莉看到女儿得到了肯定，心里安慰极了。毫无意外，好婷得了比赛的一等奖，有机会和国内知名的唱片公司签约，走上做歌手的道路。好婷拿奖后，就变得越发自信，整个人也比从前更有气场了，她和父母商量着，想要和唱片公司签约，圆了自己的明星梦。健一和敏莉一开始还犹豫，在高考这个节骨眼儿上签约，等于放弃了高考，这样做会不会有些可惜，但想到好婷从小就有艺术天分，再加上形象气质都很不错，既然孩子已经有了自己的想法，那就应该根据她的爱好让她自己去选择，想到这，两人便决定支持好婷去追逐自己的梦想。

好婷外貌出众，气质出挑，才艺过人，为人谦和，签约不久就受到了公司器重，公司觉得只需要对她稍作包装，她一定就能够大红大紫。不出所料，不到一年的时间里，好婷已经拥有了大批"粉丝"，各种商业合约也纷至沓来。但是好婷从不为了追名逐利而接一些不负责任的工作，每个广告代言她都是精挑细选，亲身试验过产品，觉得真的适合才会签订合约。对待每一次登台演出她也是事无巨细地认真准备，务求每次演出都能呈现最完美的自己，不辜负"粉丝"

们对她的爱。妤婷的工作越来越忙，回家的时间也越来越少，但每次回家，健一和敏莉都不忘提醒妤婷要继续保持自己低调的作风，不要骄傲，不论是对待自己的“粉丝”还是身边的工作人员，都要真诚以待，不能傲慢。妤婷把这些话都深深地记在心里。

随着妤婷的人气越来越高，工作也是越来越多，但她对待工作的标准一直没有变过，每个工作她都尽力做到完美。高强度的工作，越来越少的休息，导致妤婷的身体素质开始下降，有时会因为低血糖晕倒，但每次都是匆匆赶到医院输上一瓶液，就又继续坚持工作了。

为了回馈“粉丝”们多年来的支持，公司决定在妤婷生日当天晚上，为她举办一场小型的歌迷见面会。妤婷十分看重这场见面会，精心挑选了十套不同风格的演出服，并选了出道以来自己认为最能表达自己心声的歌曲，距离演出还有一个月的时间，她就开始没日没夜地练习，有时白天要拍广告，她就在换衣服的间隙练声，赶上难得的休息时间，她便跑到录音室去练歌。为了更好的舞台效果，她还重新编排了自己的舞步，练歌回来便会练上一会儿舞步。

公司为了利用这次歌迷会把妤婷的人气推到更高点，通知了许多媒体参加。妤婷生日当天，除了晚上的歌迷会，白天的时候她还要去参加剪彩活动。这天，她早早就起来配合化妆师化妆，然后换上了早就准备好的衣服，赶去了活动现场，白天的活动搞到下午 4 点才结束，距离歌迷会还有三个小时，妤婷赶紧去补妆，换上了晚上演出的衣服。换好衣服补好妆，妤婷从椅子上站起来准备出发，不知怎么，妤婷一下子晕倒在地，工作人员都紧张起来，虽然妤婷之前也昏倒过很多次，但是最近已经好很多了，怎么偏偏赶上这么重要的时刻又犯了呢。大家赶紧拨打 120，把妤婷送进了医院，医生诊断为低血糖，给妤婷输了液，她慢慢地恢复过来，刚一睁眼她就问身边的工作人员：“几点了？我怎么又晕倒了？赶紧收拾，我今晚还要去演出啊！”工作人员告诉妤婷：“已经 6 点多了，立即出发也一定会迟到的，不如……”“这么多人等着我，还有媒体，我一直努力了这么久，就是为了让歌迷看到我最好的一面，我一定要去，我可以的，我们现在就出发吧。”妤婷边说边把手上的医用胶布揭掉，拔了输液管。工作人员来不及反应，赶紧跟在妤婷后面，公司的车子也一早等在了医院门口。妤婷直接登上车子，司机开向了歌迷会现场。在车子上，妤婷整理好了妆容和衣服，到了现场虽然已经晚了半个多小时，但因为妤婷一向待歌迷如朋友、亲人，歌迷们早就对她的品性十分了解，知道她迟到一定有她的原因，所以妤婷一出场，现场气氛立即升到沸点，妤婷在台上卖力地演出，歌迷们在台下热情地合唱着。妤婷的演出极其成功，她自己对演出的效果也十分满意。

就在大家都以为事情圆满结束的时候，意想不到的事情发生了。歌迷会的第二天，南华区的《新晨早报》刊登了一篇名为《张妤婷耍大牌·歌迷苦等一整晚》的报道，健一和敏莉看到报道后第一时间打电话给妤婷问她到底是怎么回事，妤婷这才找来报纸读了文章，报道主要内容是说张妤婷的见面会本来定在晚7点准时开始，不到7点，大批媒体和歌迷就已经就位，等待她出场，可谁知大家等了将近一个小时，现场气氛降至冰点，好不容易等到张妤婷出场，她却对在场媒体和歌迷没有一个交代，态度傲慢，这种耍大牌的明星，歌迷们就该集体抵制，挫挫她的威风。妤婷看了之后气得要命，想要到微博上进行澄清，打开网络又发现新城区、北街区和东夏区的报纸经过《新晨早报》的同意后，对上述报道进行了转载。妤婷看到微博上有很多粉丝纷纷留言问她这事到底是不是真的，还有的粉丝直接留言表示看到这样的报道后，对她感到很失望。

妤婷觉得事情已经超过了她的想象，她有必要依靠法律手段来维护自己的权利。可是这么多家报纸媒体，又分别在不同的区，到底要去哪里告呢？妤婷找到公司的工作人员，工作人员找来了公司的法律顾问，法律顾问听了情况之后给他们讲：“现在这些家报纸都可以成为被告，因为它们都侵犯了你的权利，我国《民事诉讼法》上关于法院管辖权的规定是‘原告就被告’，所谓‘原告就被告’，就是指原告应该到被告所在地的法院去起诉。这个案子是侵权案件，关于侵权案件的管辖权，我国法律规定因侵权行为提起的诉讼，由侵权行为地和被告所在地人民法院管辖，侵权行为地包括侵权行为实施地和侵权结果发生地。

所以新城区、北街区、东夏区和南华区的法院都对这个案件有管辖权，你们可以选择其中任何一个法院进行起诉。”

在法律顾问的指点之下，妤婷将造谣的媒体告上了南华区法院，请求法院判决四家报纸在显要位置公开辟谣，向妤婷道歉，并赔偿妤婷因此遭受的精神损失。法院经过调查取证，开庭审理，查明了事实真相，支持了妤婷的诉讼请求。判决作出后，四家报纸深知理亏，便没有再提起上诉。它们都在新近出版的一期报纸的头版刊登了醒目的辟谣公告及道歉书。妤婷这才长吁了一口气。

打开微博，妤婷看到“粉丝”们的很多留言，都是鼓励她，说会永远支持她的一些话。她看着，淡淡地笑着。这时电话铃响了，是敏莉打来的，敏莉说：“孩子，爸妈都知道你有多爱这份工作，多珍惜你现在的一切，但是你也要爱惜自己的身体啊，不能总是认为自己年轻就无限地透支啊，爸妈不奢求你有很高的成就，只希望你一切都好，心情好，身体好。”妤婷认真地听着。挂了电话之后，她坐在电脑前，轻闭上双眼，想想自己一路走来，觉得像是梦一般，从那个爱好唱歌弹琴的小姑娘，到如今被千千万万“粉丝”追捧的偶像，自己付出了很多也收获了很多，虽然辛苦，但她觉得这一切都值得。

她打开微博，在发布栏里输入道：“宝剑锋从磨砺出，梅花香自苦寒来。一路以来的欢笑与泪水见证了我的成长，谢谢大家的支持，我会继续努力！”

19. 不写借条没关系　录音也能找到你

李大石今年25岁，是家里的经济支柱，妹妹李冬妹正在上高中，成绩不错，大石打算存钱支持妹妹继续读书。大石的父亲几年前在上山砍柴时不小心从半山腰滚了下来，家里人找了一天一夜才找到他，还好他命大，但是父亲因此摔断了一条腿，再也不能做粗重活儿了。母亲的腿脚还算灵便，但自从生了李大石和他妹妹之后，没有好好保养，这身子骨就落下了毛病，一直体弱多病，所以平时只能在家替人家缝缝补补赚些钱。四口人住在村口的三间瓦房里，大石和妹妹一间，大石父母一间，还有一间兼具厨房、客厅、餐厅的功能。大石平时天不亮就上山砍柴，回来烧火给父母做好饭之后就下地去干活，每天没日没夜地干，一年只能赚个四五千元钱，这些钱只能勉强维持全家人生活，基本没有什么闲钱能存下来。

冬妹上学的开支越来越大，父母身体也越来越不好，大石觉得只靠下地干活儿赚来的这点儿钱，肯定没法应付日后的生活，于是他开始心心念念想着要出去赚钱，但苦于不知去哪儿打听消息，也只能作罢。

大年三十很快要到了，大石在村口儿干活时，看到陆陆续续有些年轻的村民背着大包小包风尘仆仆地回来。大石心想，这些人都是出去打工赚钱了吧，平时也没见他们在地里干活儿，可看他们家里的生活都挺富裕的。

大石正愣神儿呢，一个人过来拍了他一把：“大石哥！好多年没见了，干活儿呢！”大石被吓了一跳，扭头一看，这不是小时候相熟的张连信吗，几年不见沧桑了不少。大石一打量，看到连信身上也背着大包小包的，难道他也是从城里打工回来？刚好可以问问他有什么赚钱的门道。连信一看大石没什么反应，刚要转身走，大石赶紧张口了：“连信啊，见到你真好，咱哥俩儿可好些年没见了，怎么着，出去发财了，怎么有好事儿也不告诉哥哥一声啊！”连信连忙答道：“发什么财啊，我就是去城里给人家搬砖去了，都是些力气活，但是好就好在出力就能有钱赚，哥你要是想去，那一句话的事啊，现在工地正缺人呢，我过年回家待两天就走，到时咱哥俩儿一块儿去？”

这赚钱的门道说来就来了，大石简直不敢相信，他赶忙问：“辛苦是不怕的，那赚钱比咱们种地多不？”“嗐，多劳多得呗，就说我吧，我在工地帮人家把水泥扛上楼，每次扛一袋 100 斤，能挣两元钱，一天下来我能挣 180 元左右。”

这么多钱！大石一听惊了一下：“一个月挣的工钱竟然比我一年还多！我现在是靠天吃饭，到了城里我就是靠自己吃饭，只要出力就能挣钱。连信，我跟你去，你走的时候记得叫上我！”“没问题！”连信一边说一边就朝自己家的方向走去了。大石一个人站在地里开始想象进城之后的生活，想着能赚这么多钱，将来可以让父母过上好日子，妹妹也可以继续读大学了。

在地里干活到天快黑的时候，大石收拾好东西就往家里跑，他想赶紧和家里人商量好出去打工的事。趁着全家人一起吃饭的时候，大石开口了：“爸妈，冬妹，你们猜我今天遇到谁了？”三个人面面相觑，摸不着头脑。大石接着说：“咱们村的连信，小时候我经常和他一起玩，近几年都没见过了，今天他从城里回来了，他说在城里打工可赚钱了，一个月就能有三四千元呢，一年就能有四五万元！我也想出去打工，到时爸妈就有好日子过了，冬妹上大学也不愁用钱了。”

大石一口气说了这么多，其余三个人一时间有些消化不了，大石爸说：“男子汉志在四方，出去闯闯，爹支持你！”大石妈一听儿子要走了，终究是有些不舍，可是看老伴这么支持，儿子这么坚定，也不好多说些什么，只好叮嘱几句：“娘也支持你出去，可是外面不比家里，到城里打工也不是那么容易，八成也都是干些体力活儿，儿啊，你可别为了赚钱累坏了身子，记得按时吃饭休息！”冬妹自知年龄小，大人的事从来也就不插嘴，不过她也很担心哥哥在外面受累，听着妈妈说的话，冬妹只是一个劲儿地点头。“你们放心吧！我会照顾好自己的，况且我有连信带着一起去呢，没问题的！”吃完饭，大石就到屋里收拾行李去了，准备随时和连信一起出发去城里。

大年初四一大早，连信来敲李家大门，大石连忙回屋背上了行李准备和连信一起进城。李爸李妈只来得及望着儿子的背影大喊：“注意安全！记得回家啊！”“知道啦！”大石匆匆地跟在连信后面，头也没回地走了。

一路颠簸，可算是进了城里。一到工地，连信就把大石引荐给了包工头，包工头让大石跟着连信一起打水泥，工钱跟连信一样，大石爽快地答应了，回住宿棚子放下行李之后就干了起来。刚开始干时，多少有些不适应，但想着这每走一趟都是钱，大石就充满了干劲儿，只想一刻不停，把能赚的钱都赚到手。可是时间一久，大石开始觉得有些受不了了。这活儿从早干到晚，一刻不停，中午只是匆匆扒两口饭吃，晚上回到大棚和工友们聊聊天就算是唯一一件可以放松心情的事了，这样的日子何时是个头啊。有了这么个心思，大石每逢周末也就干得不这么拼命了。一有空他就去找连信喝喝茶，下下棋。虽说俩人从小就认识，但毕竟多年不见，如今人在外地，更是“老乡见老乡，两眼泪汪汪”了，连信有什么烦心事儿都爱找大石商量商量。

一天，连信找到大石，吞吞吐吐地说：“我媳妇也在外面打工，就在隔壁县城，前天来信儿告诉我她把腿摔了，医院那边儿不交钱不给治。都怪我跟风，把钱都放到信用社里存了定期，一时拿不出来，现下手里没多少钱，大石哥，你能借我点儿不？”“没问题啊！”大石的爽快让连信有点意外，毕竟两人没有多久的交情。大石接着说：“我来了才一年多，平时的钱给家里寄回去了不少，现在手里就剩下两万元了，我这就去拿给你，你赶紧拿去给弟妹治病。”连信一看大石一下子就要拿出两万多元借给自己，赶忙说了一句：“哥，我给你写借条……”“写啥欠条啊，我是粗人，用不着这一套，你会写字，我还不认字呢，我还怕你跑了不成！”听了这话，连信感动得不行，心里认定了这个兄弟。

连信拿了钱便赶去医院了，之后大石又陆陆续续借给连信两三千元钱，几个月后，连信拿着钱找到大石：“大石哥，我的存款到期了，现在把钱如数还给你，我媳妇儿的腿也治好了，真是多亏了你了！”大石接过钱，说道：“小意思！”连信接着说道：“大石哥，我看你常年一个人在外面，身边没个知心人儿，和我媳妇儿一块儿打工的一个女孩儿人挺实诚的，要不给你介绍认识？”大石一想，自己也到了谈婚论嫁的年龄了，父母老了，早点成家也好让他们放心。“那哪天我安排你们见一面吧。”连信看出了大石的心思，没等他回话就把话接上了。

几个星期后，连信带着妻子和她的小姐妹王霞一起来到了工地上，连信和妻子请大石吃了一顿饭，一方面感谢他的慷慨解囊，另一方面他们想把王霞介绍给大石。大石和王霞见面之后一见如故，聊着聊着发现两人就住在隔壁村，于是就从村口的小河聊到了城里的生活，越聊越多共同话题，吃完饭，两人互留了电话。

有了心仪的对象，大石的干劲儿一下子又足了起来，平时干活儿的间隙都会和王霞通通电话，发发信息，聊聊现状，有时干活儿不忙的时候，大石还会去探望王霞，有时间也会陪王霞逛街，一阵子之后，两人的感情有了很大的进展，他们都觉得到了谈婚论嫁的阶段了，两人商量好，过年回家时，王霞就跟着大石回家，见了婆家人之后就赶紧把喜事办了。

定下了终身大事，大石觉得整个人都踏实多了，他天天盼着早些过年，早些把准媳妇儿带回家给爸妈看看。可大石一直担心，他觉得家里只有三间房，结婚之后还和妹妹住在一间房肯定不可能了，一定要回家再盖一间房才行。想到这儿，他把近两年来自己存的钱都掏了出来，点了点，一共七万元，可盖房至少要十万元，家里一点儿积蓄都没有，生活都是靠着他在外面打工挣的钱，剩下的三万元也不能让王霞出啊，该怎么办呢！这时，他想起了连信，于是他晚上约连信出来吃饭，提及了借钱的事儿："连信，我打算过年带小霞回家，然后我们就结婚。""恭喜你啊，大石哥！""先别恭喜这么早，我们家里现在只有三间破瓦房，我和妹子住在一间屋里，小霞进门儿之后，这房怎么着也不够住了，我得另盖一间才行，可是我这手头儿只有七万元钱，各种花销算在一起大约要十万元，我想找你借三万元钱应个急，等我攒够了钱马上就还给你，你看行吗？"连信一听要借三万元这么多，有点儿为难了，但想到当初大石在他有难之时掏出这么多钱帮助过自己，自己可不能干过河拆桥的事。"行！上次的事儿之后，我的钱都放在身边以备万一，咱俩这就去拿钱！"

又一年的大年三十，大石领着王霞回了家，兜儿里揣着打工赚回来的钱，还有从连信那儿借来的三万元。大石父母见了小霞喜欢得不得了，催他们赶紧把婚事办了。大石托连信跟工头请一阵子假，他想加紧把新房子盖好，然后好把小霞娶回家。大年初三，大石就开始上集市去采购各种盖房的原材料，然后又请了几个工匠跟着他一起盖房，三个多月的时间就盖起了新房。然后大石和王霞就在新房里结了婚，家里别提多喜庆了。

成了家之后，大石有些不想再去城里奔波了，他想和王霞一起做些小生意。盖房没有把钱全花掉，还剩下两万多元钱。于是他和王霞商量："小霞，我打算拿着这两万多元钱到县城去租一个铺面，咱俩开个小杂货铺儿吧，即便辛苦，但不至于像咱们从前那样各自在外打工，每天连个说话的人都没有啊。"王霞犹豫了："这盖房剩下的钱咱们还得还给人家连信啊，更何况现在就剩两万多元了，咱们找人家借了三万元呢。"大石有些不爱听了，觉得王霞扫了兴，就没再说什么。第二天大石就拉着王霞到县城去看店面了，王霞见大石昨天闹了脾气，也就没再开口劝他，心一横就和大石安心去看铺面了。两人让中介陪着跑了一天，最后还真挑中了一间，大石拿一万元交了半年的租金。大石这下开心极了，带着王霞去了当时打工时经常光顾的餐馆。无巧不成书，小两口刚坐下，就碰见了连信，连信问大石："大石哥，你进城了怎么也不去工地啊？你还干不干啦？再不来人家工头儿可就不收你了！"大石吞吞吐吐半天说不出话来，王霞抢着说："我们刚刚租下了一间店铺，打算自己做点儿小生意。"连信一听赶忙问："你们从哪弄了这么多钱？"王霞没多想就答道："盖房剩下的钱啊！"连信听后脸色一变，王霞这时才意识到自己话说得太多了。大石连忙站起来拉着王霞一边走一边说："连信，我们还有事儿，得赶紧回去，你慢慢吃啊，你借给我的钱，过阵子就还给你！"还没等连信回话，大石拉着王霞就走了。

连信回到宿舍，想起晚上大石的表现，心里有点儿不踏实了，他担心大石会赖了年前的那笔账，他越想越不踏实，于是决定趁着休息的一天回家一趟，把钱讨回来。

好不容易等到了周末，连信一大早就出发回村子了，到了村子直奔大石家，大石看到连信来了，既吃惊又有些不安。连信问道："大石哥啊，我知道你的新房子也盖好了，你看，你找我借的钱也有好几个月了，我和媳妇都在外面，家里面也等着用钱，不知道你能不能把年前我借给你的钱……”“话可不能乱说啊！”还没等连信说完，大石急忙把话茬接了过去，“谁找你借钱了，无凭无据，你说什么就是什么啊！”连信一下子傻了眼，抬高了声调说：“哥！你可不能不认账啊，当初我找你借钱的时候，你说不写欠条，我真心感谢你。所以后来你再找我借钱，我也没好意思让你写欠条，但是咱们亲兄弟明算账啊，你不能欠债不还啊。”“谁跟你是亲兄弟，谁找你借钱了？”大石边说边把连信推了出去，然后把门锁上，任凭连信怎么敲都不开了。

连信只得无奈地回家了，到家后他坐立不安，心想自己辛辛苦苦挣的三万元钱怎么也不能就这样不明不白地打了水漂。他决定等王霞回去之后再去李家走一趟。焦急地等了一会儿，连信估摸着王霞该回家了，便起身去李家了，出门时，他想起了工友暂时让他保管的录音笔还在抽屉里，于是他取了录音笔就到李家了。敲门前，连信把录音笔打开到录音模式。果不其然，这次是王霞开的门，大石一见是连信，便又大喊：“讨债的又上门了！”王霞觉得大石说的这话着实让人没面子，便拍了大石一下，然后对连信说：“连信兄弟啊，大石把下午的事儿都跟我说了，他也不是想成心赖账，主要是现在钱都投到小生意里了，实在没钱还了。”大石抢过话说：“不用跟他这么客气，不就是三万元钱吗，没凭没据，他拿我没办法的，管他告到哪儿，只要我不承认，这笔钱咱们就不用还了！”连信听了这话，彻底心寒了，转身便走了。

回到家之后，他心想，现在有了录音，自己可以到法院起诉李大石。忽然他又想起来几年前好像听城里人说过，像这种偷偷录的录音，好像是没有法律效力的，想到这儿，他又慌了起来。但一想第二天就能回到县城，城里有工友读过法律书籍，或许能帮他解释。第二天回到工地之后，他找到了这名工友，说明情况后，工友信心十足地说：“没问题的，这事儿我懂的！你的录音可以作为证据的，因为你虽然是偷偷进行的录音，但是并没有侵害到别人的合法权益，也没有违反法律的禁止性规定，这个证据是会被采纳的。你放心去告吧！”虽然听得半懂不懂，但从工友那里得到了肯定的答复，连信就放心了。

连信拿着录音和工友帮他写好的起诉状，来到了法院，李大石接到传票后也无可奈何只得应诉，法官在庭上播放了连信的录音，李大石惭愧地低下了头，法院的判决很快就出来了：李大石应及时返还连信本金和利息。

一个星期后，李大石来到城里，把从家里凑来的三万元钱还给连信，满脸愧疚地说："对不起。"

20. 要和植物人离婚　须有法定代理人

甄妮最近总跟闺密抱怨自己和老公的感情一天不如一天了，好像没有了新婚时的甜蜜，也不再有结婚前浪漫的桥段，生活归于平淡之后一切都不再是从前的样子，那感觉再也找不回来了。闺密眼见着自己的小姐妹身在福中不知福，心急得要命，每次都劝她："你家林旭对你多好，我们姐儿几个都羡慕你，你还不知足，现在你们有了小宝宝，不再是二人世界，你还奢求什么之前的感觉，这日子啊，还是平淡点儿好。""我不喜欢平平淡淡，我就喜欢轰轰烈烈，感情上，生活上，都应当如此。"甄妮像往常一样反驳道。

这就是甄妮，胆大的理想主义女青年，做事不顾后果，心里总是不太安分，喜欢寻求刺激，最怕的就是平淡如水的生活。林旭呢，甄妮看中他够幽默，够浪漫，总有一些出人意料的点子。除了这点儿，在旁人看来，林旭还是个踏实人，工作努力，态度积极，在设计院工作不到一年就被破例提拔了。在林旭眼里，甄妮有其他女生身上少有的灵气和豪爽。她在时尚杂志社工作，对各种事物的审美都很独特，平时随意的穿搭都有一种脱俗的气质。两人互相倾慕，相互欣赏，相识交往一年多便结婚了。结婚不久，甄妮就迫不及待地想尝试一下做妈妈的感觉。林旭觉得现在两人的事业才刚刚起步，应该等事业上升到一定程度稳定下来之后再要宝宝，到时也可以给宝宝提供更好的环境。可甄妮等不及了，软磨硬泡，林旭拿她没法子，便答应了。

十月怀胎，甄妮丝毫没觉得辛苦，她把这视为一生仅一次的难得体验，后来她如愿生下了健康的宝宝。林旭忙着发展事业，甄妮有空就给杂志社写写穿搭经验，其他时间就在家里陪孩子。起初，她对这种生活充满了热情，教孩子说话，给孩子讲故事。可时间一长，甄妮好动的性子就显露出来了。一个人和孩子在家实在无聊，看着镜子里自己生完孩子留下的一坨坨赘肉，甄妮觉得不能再这样了，要找回从前的自己。于是她开始光顾之前的健身房，又联络从前一起登山玩耍的小伙伴，经常把孩子交给自己爸妈带，她觉得还是这种生活适合自己。

一天，她以前登山俱乐部的朋友打电话邀她一起去登山，她有些犹豫，毕竟一年多没怎么高强度锻炼了，现在不知道去爬山身体能不能应付得来。“就这么定了啊！咱们周六老地方见！”电话那头没等甄妮开口就把电话挂了。甄妮一想，去就去吧，反正在家也没事做。

周六，林旭好不容易不用加班，一早他就跟甄妮半开玩笑地说：“今天我好不容易休息，我们出去逛街吧！逛街最减肥了！”甄妮飞了他一个白眼：“什么逛街最减肥，我今天约了朋友去爬山，早都定好了。你不是爱上班吗，今天也去单位看看有什么要干的呗。”林旭自知平时在家时间少，便不作声了。

到了山脚下跟大伙儿见了面，甄妮觉得开心极了。可早上还是大晴的天，眼看着变得越来越阴。登山队都是一群胆大的人，大家觉得这样的天气爬山，倒也是另外一种情趣，甄妮也跟着大部队开始爬了起来。爬了半个多小时，就开始下起了毛毛雨，甄妮明显感到脚底有些没力了，但眼看快到山顶了，她不想半途而废，就坚持着往上爬。忽然，一道闪电闪过，甄妮吓了一跳，往后退了一步，结果脚下一滑，整个人摔了下来，万分庆幸的是，山的坡度不大，还有一棵大树把她挡在了半山腰。朋友们看到甄妮摔了下去，赶忙追过去，甄妮已经昏迷不醒了。大家正慌作一团，这时她的一个朋友大喊：“你们先打 120，我把她背下山去！”一个朋友背着甄妮，其他的人在旁边护着，大家三步并作两步跑到了山下，不一会儿救护车也到了。上了救护车，朋友们找出了甄妮的手机，打给林旭。林旭接了电话，心急如焚，但林旭的一大优点便是临危不乱，他赶紧穿戴好然后直接开车去医院。

甄妮正在手术室里，只看到护士出出进进，等了两个多小时，手术灯灭了，医生出来了，紧跟着护士推着甄妮走出来。林旭赶紧过去，医生说：“没什么大碍，就是她这腿得养，这半年内下不了地，后续的……”林旭说：“后续我们家属一定陪着她，配合医生！”医生点了点头，便离开了。甄妮这时早已清醒，躺在病床上看着林旭，心想这次的事跟自己的任性脱不了干系，正等着林旭唠叨呢。可谁知林旭什么都没说，只是关心她还疼不疼，晚上想吃些什么。甄妮听了之后开始觉得自己对不起林旭，平时还和闺密这么说他，其实生活平平淡淡才是真啊。

甄妮这下带不了孩子了，林旭还要上班，甄妮的妈妈便帮着带孩子。林旭每天都比以前早起一个小时，帮甄妮料理好一天的饭再离开，连水果都帮甄妮搭配好。不仅如此，林旭还趁中午休息的时候四处去看哪里的物理复健最好，跑了几处终于找到了一家满意的复健医院。每周末林旭都陪着甄妮去做复健，几个月下来，林旭瘦了十几斤，可是他一句唠叨的话都没说过，甄妮的性子好像也被磨平了些，生活节奏一天比一天慢了。她努力地配合医生和林旭做复健，熬夜的毛病也改了，为了尽快恢复，平常爱吃的东西只要是该忌口的，她也绝对一口不沾。结果她的恢复超乎医生预期，不到半年，就能行动自如了。

经历了这件事后，甄妮安分了不少，平时在家看看电视，带带孩子，没事儿还学着做饭，经常做各种甜点，等着林旭晚上回家做“小白鼠”。可是古语有云：江山易改，本性难移。坚持不到两三个月，甄妮就又开始了她一贯的多彩生活。

林旭看到甄妮总不满意他在家时间太少，心里也有些内疚，遇上要把工作带回来做的时候，他便尽量把工作放在甄妮起床前和睡觉后做。甄妮也看得到林旭的改变，觉得那个无条件爱她的林旭又回来了，她便很少和朋友出去玩儿了，林旭一有时间她就拉着他去逛街、吃饭、看电影，不出去的时候就在家陪林旭聊天哄孩子。林旭虽累，但觉得这样的生活值得他付出。

随着林旭越来越得到重用，工作也越来越繁忙，他只能牺牲睡眠时间，在单位也尽量少休息。有时林旭开车载着甄妮去逛街，脑子想着工作的事儿，一个不留神就闯了红灯。甄妮也总是提醒林旭要多休息，林旭满口答应，可还是没日没夜地拼着。

这天早上，林旭要赶去单位开会，前一天晚上他还在陪甄妮看夜场电影，回到家之后等待甄妮睡着，便开始准备第二天开会的材料，折腾完已经凌晨3点多了，林旭怕吵醒甄妮，在沙发上蜷着睡了一会儿，6点多就出发了。林旭开着车，眼睛有些睁不开，脑子里想的还是待会儿的会议，到了每天都经过的路口，依旧忽略了那已经变红的信号灯，可这次，林旭没这么幸运，旁边驶来一辆全速前进的出租车，拦腰撞上了他的车，林旭迷迷糊糊从车门里爬出来，紧接着便是耳边喧闹的声音……

甄妮的手机响了，是医院打来的。他们说林旭出了车祸，现在正在抢救，需要家属签字。甄妮什么都没来得及想，连忙赶到医院。签了字看着医生送林旭进了手术室。整整四个小时，甄妮在手术室外焦急地等待，傍晚时分，医生出来了，他告诉甄妮，林旭的命保住了，但是可能永远醒不过来了，甄妮接过医生的诊断书，看着上面赫然写着："头部伤残一级（植物人、无行为能力）。"甄妮傻眼了，她看着林旭，眼睛里流出泪水来，她离不开这个待她如宝的男人。这一切来得猝不及防。"他一定能醒，一定能！"甄妮小声念叨着："林旭，我会陪你闯过这一关！"

自从林旭出事，甄妮除了和闺密们聊聊天，不再有任何娱乐活动，她每天往返于医院、家和孩子的学校之间，做饭送饭，给杂志社写稿，送孩子上下学。孩子成了她唯一的精神支柱。不，还有林旭，她相信他会醒，也许就在明天，明天她就能再感受到他怀里的温热，再听到他低声唤她的名字。每当往日情景呈现在脑海中时，甄妮就觉得心口有块东西梗住，吞不进吐不出……

一年，两年……孩子从小班升中班，第一声叫妈妈，第一声叫爸爸，甄妮从职员做到副主编……两年间，甄妮被生活蜕去了稚气。闺密们看着她从那个爱玩爱笑，情绪大起大落的姑娘，变得好像对外界都不再那样敏感了，不再搭配好看的衣服，不再出去玩儿，大家有些心疼，她们劝她："趁着还年轻，再去找个好的吧。"甄妮每次只是默默地听着，她不想放弃，但也没有力气反驳，所以任由她们说，自己不作声罢了。她知道，如果换作是他，他一定会坚持，坚持等她醒来，他不会停止对她的爱。

林旭出事后，他的父母只是从外地来探望过他几次，每次都是待不了几天便走了，他们知道甄妮会照顾好林旭的，虽然也是担心儿子，但老人家觉得在外面开销太大，还不如把钱留下来给儿子治病。一个周末，林旭父母和林旭的弟弟一起来探望林旭，刚好这天甄妮的闺密也在，闺密们又在劝甄妮，“咱们杂志社的主编一直觉得你挺不错的，他之前看你有林旭，就没好对你有什么表示，你可要知道，他也是咱们圈儿里有名的‘钻石王老五’了，你不在的时候他总向我们提起你。”甄妮一脸错愕，“你不会没有感觉吧，不然你以为为什么你这么容易请到假，可以只是在家写稿子就好了，你以为副主编是这么好升的？”甄妮刚要张嘴辩驳些什么，闺密接着说：“当然这肯定与你的实力分不开，但你要知道，如果没有主编帮助你，这些都是不可能的呀！他最近常常要我们开导一下你，他知道我们跟你关系好，向我们透露了想要追求你的意思，你这么大个人了，还带着个孩子，也该为自己的前途好好想想，林旭虽然对你好，但是回忆不能当饭吃，不能当钱花啊，你后半辈子就打算这样过了？”甄妮不说话了，她似乎也觉得闺密们说得有道理。

林旭父母在门外一直听着，忽然破门而入，指着甄妮就大骂：“我们一直以为你对我们儿子真心实意，没想到你早就心里有了别人了，还有你们这帮人，你们都是谁？凭什么在这对我们家的事说三道四，凭什么！”甄妮是个受不得别人冤枉的姑娘，平时吃的苦再多，她都无所谓，因为她爱林旭，为他牺牲一切她愿意，可是已经两年了，那个曾经给她无数温暖无数爱的男人已经一动不动躺在那里两年了。这两年里，她似乎已经不会再放声大笑了，每天也不知道有什么事情可以让她觉得精神振奋，这一切也都是为了他。可如今，林旭的父母竟然这样冤枉她、误解她，两年以来积聚的难过、无助、委屈、害怕全都夹杂在一起，化成眼泪、化成愤怒，喷涌而出，她一边大哭，一边吼道：“你们说什么！你们凭什么冤枉我！我的苦谁曾为我分担半分，这样的日子我不要再过了！我要和林旭离婚！”在场所有人一下子都安静了，甄妮大吼之后，甩头而去……

回到家里，甄妮瘫坐在沙发前，她在想，自己为什么会说出离婚二字，是一时冲动？还是真的没有力气去延续这份爱了，想了好久，终于她提起笔，开始起草起诉状。

第二天，甄妮带着起诉状来到法院，法院受理了案件。不久后，法庭认定林旭已经成为植物人，因此不能再出庭进行诉讼，于是便缺席判决，准予林旭与甄妮离婚。

甄妮带着判决书来到医院，她跟留在医院照顾林旭的公公婆婆说："这些年我已经尽力了，今后他就靠您二老了！"林旭的母亲从甄妮手中抢过判决书，愤怒得说不出话来。当天晚上，林旭的父母便找到律师，律师向他们讲解道："您的儿子现在是无行为能力人，按照我国法律规定，无行为能力人也没有诉讼行为能力，无诉讼行为能力的人作为当事人参加诉讼，应当由法定代理人代为进行诉讼活动。您二老是林旭的亲生父母，便是他的法定代理人，法院受理案件之后没有通知您二老，便径行作出缺席判决是违反法律规定的。您二老可以上诉，二审法院一定会进行改判的，放心吧！"林旭的父母听了律师的解答，一下子便放心了，他们心想这下子甄妮就不能得逞了。出了律师家门，老两口就合计着一定要为儿子讨回公道。这时，一天没有怎么作声的弟弟说话了："什么公道不公道，您二老也就别跟着瞎操心了，嫂子这几年也算是尽心尽力了，您看头几年的时候，我嫂子多有精气神儿啊，这几年因为我哥的事，嫂子已经像是老了十几岁，我们再这样纠缠下去，嫂子也不会回心转意，她照顾我哥的时候也不会像从前那样尽心了，家里的事有我呢，您二老留在这照顾我哥，嫂子和我哥的情意应该还是在的，说不定嫂子有天会回心转意的。"二老听小儿子这么一说，觉得也有道理，于是就把判决书收起来，回到医院，决定不再提这事了。

几天后，二老从外面给儿子买饭回来，一推门，看到甄妮，甄妮正握着林旭的手说着什么，像往常一样，讲他们从前的事。甄妮抬眼看了一眼，对着两位老人只说了一句："爸妈，我回来了。"

21. 干涉婚姻被拘留　身份不是“免死牌”

王林出生在一个普通的农民家庭，父母平时靠种地为生，农闲的时候便到城里去打工，一走就是几个月。王林有个小他三岁的妹妹，名叫王红。虽说王林家里经济条件并不富裕，但王林和王红的教育问题却一直受到家里人的重视。王林的父母为了他们能够有更好的前程，省吃俭用供他们兄妹俩读书。这兄妹俩也都很懂事，学习一直不用父母担心，从小就都是学校里的尖子生。王林爱理科，喜欢自己动手做些小物件，家里的小板凳、小桌子都是他在业余时间自己制作的。王红则偏爱文学，尤其喜欢看一些当时最流行的言情小说。一家人虽不富裕，却相亲相爱，十分幸福。一晃王林上了高中，妹妹也即将升入初中，就在这一年，厄运降临了这个幸福的家庭。王林的父母在赴县城打工的途中遭遇车祸，当场身亡。听到了同村人捎来的噩耗，王林与王红兄妹痛不欲生。料理完父母的后事，王林暗暗告诉自己，从此他便是这个家的顶梁柱。妹妹年龄还小，他要一个人扛起家里的重担，一定要将妹妹养大成人。为了继续供妹妹上学读书，他作出了一个大胆的决定，先到县城去找个工作，然后将家里的宅子卖掉，带着妹妹一起到县城生活，年幼的妹妹听从了哥哥的安排。于是，王林很快就从学校办理了退学手续，并且在邻居的帮助和介绍之下，来到县城一家知名的自行车厂找到了一份工作。随后，王林便将家里能卖的东西都卖了，给妹妹在县城里找了一所学校。就这样，兄妹二人在县城里开始了新的生活。

由于这份工作来之不易，再加上要供妹妹上学，王林对这份工作格外珍惜，做起事来总是特别卖力。他每天早出晚归，同事们都走了，只有王林一个人留在车间加班，同事和领导都欣赏王林的这股冲劲儿。再加上王林从小就对这些手工活有着特殊的天分和爱好，所以很快就成了车间里的业务骨干，还在省里的比赛中为厂里赢得了不少奖项，领导因此非常器重王林。短短的六七年时间，王林就被评为劳动模范，随后又被选举为当地的人大代表。

可就在赢得了各种荣誉的同时，王林也招来了不少非议。有的同事认为他为人不懂得谦让，事事都抢着出风头。很多和王林同时期进厂的同事都对他有些不服气，尤其是赵军。赵军是重点大学毕业生，因为家里人不放心作为独生子的他一个人在外地漂泊，赵军只好选择了回家乡的自行车厂工作。厂子名气不小，这份工作也算是个铁饭碗。赵军和王林同期进厂，被分在了同一个车间。赵军一直是个比较内敛的人，不爱出什么风头，只顾着做好自己的分内事，而王林因为这份工作是自己和妹妹生活的唯一收入，总想着要多做一些，做好一些，所以两个人在平时的工作中难免会发生一些摩擦。这些小摩擦小矛盾终于在评选劳动模范的时候爆发了。当时厂里的员工多数支持由赵军代表本厂去和省里的其他人员竞争劳动模范的名额，但是由于王林更受领导的器重，最后厂里还是决定由王林代表本厂去省里参加评选。幸运的是，王林也凭借自己的先进事迹得到了省评审委员会的认可。可自这件事之后，赵军总是时不时地说些揶揄王林的话。王林心里很是不快："你不就是嫉妒我比你强吗？男子汉大丈夫，别总做些小人做的事，有什么事不能大家摊开来说啊！"赵军也不让步，说："你就是比我强，拍马屁抢功劳，你样样都比我强，我可和你比不了！"俩人的矛盾终于闹到了领导面前。因为二人工作能力其实不相上下，一山不容二虎，与其让两个人恶性竞争影响工作情绪，不如把他们调开，让他们各自负责一个没有业务往来的车间，这样反而可以调动起厂里的工作氛围。于是领导将赵军调到了另一个部门。这么一来，赵军和王林在各自的车间里如鱼得水，两个车间的业绩都是节节攀高。

在王林事业顺利发展的时候，王红从大学毕业，到了该找工作的时候。王林向厂领导推荐了王红，经过一段时间的实习考察之后，厂里决定聘请王红做财务。王红对这份工作非常满意，工作时间稳定，加上哥哥也在厂里，这对于王红来讲实在是再合适不过了。王红没有辜负哥哥的期望，她在工作岗位上同样任劳任怨，给厂里员工发工资是一件特别烦琐的事情，但是王红每次都做得一丝不苟，人员金额核对未曾出过一次差错，遇到年底清算的时候，王红更是忙得不可开交，经常在厂里加班到很晚才回家。恰巧，赵军的办公室就在王红办公室的隔壁，两人加班或者休息的时候就会聊上几句，一来二去，两个人觉得兴趣相投，便越走越近。三四个月之后，赵军决定向王红表白。

这天，赵军见王红又在加班，他也留了下来，两人在茶水间休息的时候，赵军走上前去对王红说："王红，咱们俩平时聊得挺开心的，那个……你……你好像还没有男朋友吧！不如……不如我们就……"话到嘴边，赵军最终还是没说出口。"不如我们在一起吧！"王红看惯了言情小说，最了解嘴笨的男主角下一句想说却说不出口的话。赵军没想到一切进展得这么顺利，听了王红的话连忙点头！嘴里说着"好，好，我们在一起吧！"赵军拉起王红的手一个劲儿地傻笑。

忽然，王红脸色一变，慌张地说："咱们这事儿可别让我哥知道！"赵军纳闷地问："你哥是谁啊？为什么不能让他知道？""我哥……我哥是王林……"赵军听了沉默了一下，说："没关系的，我们不让他知道就好了，没事的，你放心吧！"而后两个人都带着一丝沉重的心情各自回去工作了。

两个人就这样一直悄悄地谈着恋爱，越是艰难，越显得来之不易，两个人的感情就越深，这一谈就是两年多。但世上没有不透风的墙，厂里开始逐渐传出了风言风语，这话也传到了王林耳朵里。一天，王林等王红回家之后直接问道："你是不是和赵军在一起了，你知不知道他当初和我一起争业绩，你知不知道他当众诋毁我！"王红不服气，说道："那是你们之间的恩怨，跟我有什么关系，而且那也不全怪赵军……"王林吼道："别说了，你俩没戏，再说就别认我这个哥哥！"王红听了扭头哭着回屋了。王林沉静了一会儿，觉得刚才自己说话不够理智，没有对妹妹说清利弊，于是他敲开了妹妹的房门，小心翼翼地说道："小红啊，哥的一个好朋友有个弟弟，他在银行工作，家境又好，人长得也精神，前阵子他哥还跟我说觉得你挺不错的……""行了哥！你别再说了！我不想再谈这件事了！"王红实在听不下去了，打断了王林。

第二天，王红找到赵军，告诉他哥哥已经知道他们的事情了。赵军听了好像早有准备一样，冷静地安慰王红："你别太担心了，你要是为难，我们就还是做回好朋友好了。"王红哭着说："你竟然这么轻易放弃我们的感情！算我看错人了！"赵军一把拉住王红，对她说："你别哭，别着急，只要你开心，我们就永远在一起！”王红说：“我愿意，我要和你永远在一起，不如我们去登记结婚吧，就后天，咱们一起请假去登记！”

王红和赵军虽然是在楼梯间里说话，但声音很大，有不少路过的同事都听到了，这其中就有金海。金海是王林的师弟，他们同时进厂，跟了同一个师傅，两个人互帮互助，感情一向要好。王林家里的情况金海都非常清楚，金海也知道王林和赵军之间的过节，更知道王林不会同意妹妹和赵军来往。于是，金海赶紧把自己听到的王红和赵军要结婚的话告诉了王林。王林一听，大发雷霆，随手拿起了身边的木棍就向楼道冲去。见王红和赵军还在那里，他拿着木棍就向赵军挥过去，王红挡在赵军前面，叫赵军赶紧走。赵军怕把事情搞大，转身就下楼了。王林拉着王红直接回家，把王红锁在了屋子里，冲王红大吼道，如果非要和赵军在一起，就关她一辈子。王红哭喊着说，如果不放她出来，她就上吊自尽。王林觉得妹妹是言情小说看多了，用自杀来威胁自己简直可笑。一边冲妹妹说，“那你就试试吧！”一边不为所动地锁上门下楼去买菜了。在去往菜市场的路上，王林决定把朋友叫来一起吃饭，一方面可以一起劝劝妹妹，另一方面也可以让朋友把银行工作的弟弟的情况跟妹妹介绍介绍，说不定能让妹妹改变主意。于是王林买完菜就绕道到了朋友家，叫上朋友一起回家。

进了家门，王林想着这么长时间了妹妹也该冷静下来了，就去开妹妹的屋门。没想到这小丫头从里面把屋门反锁了。王林敲了几下没人开门，又叫了几声还是没人应，心想这小丫头还在怄气呢，就干脆不再急着开门了。王林和朋友在厨房一边做饭一边聊了起来。等到做好了饭，王林又去妹妹房间敲门，可是屋里似乎还没有什么动静。他隐约觉得有些不对劲，赶紧和朋友一起撞开了房门，结果被眼前的景象吓呆了！妹妹把自己吊在半空中，脸上早已没有了血色。朋友缓过神来，赶紧拨打了120。王林心里受到了巨大的刺激，他口中嘟囔着：“都是赵军这小子，都怪赵军这小子……”失魂落魄地走进厨房，掂了一把菜刀，转身就朝门外冲去，要找赵军算账。朋友一看这情景，赶忙一面打电话报警，一面死死地拦住王林。王林叫嚷着一定要让赵军为妹妹陪葬，死命挣脱朋友的阻拦，拿着刀冲了出去。所幸及时赶到的警察在楼梯间截住了举着菜刀的王林。王林冲着警察大吼：“我是人大代表！谁也不能抓我！”但是新来的小民警死死抓住王林就是不放手。后续赶来的几个民警抢下了王林手中的刀，其中一个年长的警察对王林说：“我们对您采取措施都是必要的，并没有违反程序的行为，麻烦您配合！”

新来的小民警一副犹豫的表情看着老民警，因为他也记得，读书时学过对人大代表采取措施应当经过人大常委会的批准。老民警似乎看出了新来民警的疑问，接着说：“我国《刑事诉讼法》第八十二条规定了公安机关对于现行犯或者重大嫌疑分子，可以进行先行拘留，其中一种情形就是对于正在预备犯罪、实行犯罪或者在犯罪后即时被发觉的。根据报案人提供的情况，可以初步认定王林的行为属于暴力干涉婚姻自由，致人死亡，而且其欲持刀行凶，具有危险性，公安机关应当对其先行拘留，但由于王林是人大代表，所以根据法律的规定，我们在人大闭会期间要报人大常委会批准。我们现在先将王林进行控制，防止其进行下一步的犯罪行为，于法有据。”王林听了老民警的一番话，顿时哑口无言了。经过这番折腾，王林渐渐地恢复了理智。这时，看着救护人员用担架抬着妹妹从自己身边经过，王林一下子情绪崩溃，抱着妹妹痛哭不已。他懊悔自己当时这么一意孤行，更懊悔自己没有把妹妹自杀的威胁当真，这是他唯一的亲人了，但一切已经晚了。

随后，王林因为暴力干涉婚姻自由和企图故意伤害，被民警带上了警车，朋友则陪着王红上了救护车，王林对朋友说：“打电话给赵军，叫他去医院，叫他见妹妹最后一面。”朋友会意地点点头。

紧张的抢救还是没能挽回王红年轻的生命。第二天清晨，王林在公安局里得知了王红去世的消息，顿时失声痛哭。赵军也来到了公安局见到王林，他哭着告诉王林，王红的身后事他会尽心尽力，希望他放心。王林再一次情绪崩溃，对着赵军痛哭流涕，他说：“我一直觉得什么婚姻自由都是无稽之谈，没想到自己的妹妹竟真的坚持到如此地步。是我害死了她，是我为了一己私利，害死了她！赵军，我也对不起你，本来咱俩之间的矛盾也不是什么天大的事，我竟然小心眼儿到如此地步，最后终于害人害己！”赵军安慰王林说：“事已至此，我们都节哀顺变吧。人非圣贤，孰能无过，今后你有什么事情，尽管开口，虽然我和王红最终没能结成夫妻，但我知道她最紧张你这个大哥，我一定会像待亲大哥一样待你！”王林听了眼含热泪点了点头……

22. 公然侮辱毁名誉 刑事自诉维权利

小营村地理位置较为偏远，村民们大都靠种小麦为生。徐灿和于敏也是村子里普普通通的小两口，在一次到县里卖小麦的时候，徐灿偶然看到了县城的工地招人。他看了看上面写的工资，一个月竟然有两千元钱。于是他默默地记下了联络人的号码，回到家后，便和妻子于敏商量着想到外地去打工："今天我在集市上看到一个工地要招人，你猜一个月多少钱？"于敏说不知道，徐灿兴奋地说："两千元！"见妻子露出惊喜的表情，徐灿接着说："我看他们条件也不高，就是做些体力活，反正咱们家的田地不多，平时种庄稼的任务不重。我打算趁农闲的时候到外面去赚点儿钱。到时有什么需要帮忙的，你找大哥大嫂就行。"于敏也觉得这确实是个不错的营生，没多犹豫，便支持徐灿外出打工了。徐灿为人憨厚，在工地上什么活儿都抢着干，遇到什么分钱的事，他也懂得谦让，久而久之交了不少朋友。平时没事的时候，几个朋友就会凑在一起聊聊老家的事，徐灿讲起他们村子里大家都只靠卖小麦为生，而且交通不便，只能等着有到县城的车路过村子的时候，村民们才会一起到县城里卖小麦，赶上庄稼收成不好的时候，更是没法赚钱了。这时徐灿的一个朋友搭话了："哎，我认识一家人，两口子就是专门收购小麦的，他们自己有车，就到一些相熟的村子里面去收，给的价钱还不错，人也挺实诚的，我跟他们关系挺好的，要不介绍给你认识，你带着他们到你们村里去，给你们村创创收益也不错！"徐灿一听，确实不错，赶紧应了下来。

过了两天，这个朋友还真把收购麦子的两口子找了来，介绍给徐灿认识，两个人大概了解了一下村里一共有多少户人家，算计了一下大概可以收购多少麦子，就和徐灿约定到了收成的时候和他一起回村里看看。事情定下来了，徐灿非常兴奋，趁着休息日，徐灿决定先回趟家把这件天大的好事儿跟村里人汇报一下。这天他回到村里，没进家门就直接跑去村委会了，他跟村领导汇报了一下具体情况，村领导一听，觉得是个不错的事，于是趁着村里广播的时候，就把消息都告诉了大家，这下村民们的干劲儿更足了。

徐灿家的邻居王强和邱红听了消息之后第一时间就到徐灿家里打听消息，

徐灿把情况又详细地给他们讲了一遍，而且跟他们说，等这人来到村子之后，一定第一时间让他们去王强家里收麦子。跟村里说完收购麦子的事，徐灿就回到工地上干活了，到了秋天，收购麦子的两口子如约找到了徐灿，他们开车跟着徐灿一起回村子了，村民们也早都准备好了，徐灿兑现了承诺，带着人先到了王强家，收购人看了看王强家的麦子，觉得质量还不错，就开出了一个不错的价钱，之后到了其他村民家里，一切也都进行得很顺利。第一次的合作非常愉快，收购人决定将这个村子作为他们收购的一个固定地点，今后年年都来。

此后的几年，收购人年年如约到村里收麦子，但是发现王强家的小麦里经常混有大麦，收购人跟徐灿说了这个事情，徐灿说他们可能是一时间弄错了，叫收购人下次再去的时候仔细看清楚就好了，徐灿还说王强夫妻都是老实人，不会干出骗人的事来，收购人勉强相信了，但是叫徐灿下次跟他们一起去收购，让徐灿也跟着看个究竟，否则他们不会再去收王强家的麦子了，徐灿只好答应。

来年又到了收获的季节，刚好赶上徐灿工地不忙，徐灿跟着收购人一起回到村里。第一站还是王强家，正赶上王强不在家，但他的爱人邱红在家。邱红看到收购人来了，便客气地招呼他们进屋，邱红说："今年的收成特别好，比往年都多，大部分都在这里了，我再去把剩下的收拾收拾，你们再等一下啊。"说完又到屋里拾掇麦子去了。收购人和徐灿都凑过来看麦子的质量，这时，徐灿的妻子于敏从家里出来，正好看到徐灿，她说："你咋回来了都不进屋，忙着给别人介绍买卖去了！"同村的刘刚正在徐灿家做客，一听徐灿回来了，也跟着出了屋。于敏和刘刚都凑到了邱红家，收购人又从小麦里翻出了不少大麦，他拿着大麦给徐灿看："你们看，这里面都是大麦，这东西我可不要。"徐灿看了也不知道说什么好，毕竟他是个中间人，还是希望能够尽力促成这单买卖。于是他说："你也别都不收，你挑着好的拿走不就行了吗，你再跟他们商量商量价格。"于敏听了，觉得徐灿多管闲事，毕竟是别人家的事情，而且很明显王强家就是有意在小麦里面混入了大麦，于是赶紧在旁边跟徐灿说道："你别没事瞎掺和，小心人家一会儿回来埋怨你。"

邱红看着一群人在那里你一言我一语，赶紧跑了过来，收购人对邱红说：“你家小麦里面混了大麦了，之前我收的时候就是这个情况，你这个东西我没法要！”说完就要走，徐灿就拉了拉收购人的衣角，示意他们先别走。可是邱红没看明白，她以为徐灿为了多赚钱就坏了自己家的生意门路，于是指着徐灿说：“你跟人家瞎说什么了，我家小麦里面怎么会故意掺上大麦？还有你，于敏，你平时在家不言不语，我以为你多老实呢，原来跟你们家徐灿一样，都是爱嚼舌头的！”于敏不服气，反驳道：“我们什么也没说，你哪只耳朵听到我们说你们家麦子不好了？”邱红大吼起来：“你说我哪只耳朵听到！我刚刚在屋里就看见你们都凑过来，心想准没好事，果然，你们来跟人家叨叨半天，人家就不收我家麦子了，还说不是你们捣的鬼！敢做别不敢认啊！”于敏一下子也急了，她也嚷了起来：“说白了，这生意路子也是我们家徐灿介绍来的，你别得了便宜还卖乖，年年收麦子都紧着你们家第一个收，你们还不老实，竟然给人家在小麦里面混大麦。你以为人家都是傻子呢，人家专业收麦子的，早看出来你们家麦子质量不好了，还用得着我们说？活该你们家庄稼没销路！”邱红气得直跳脚，污秽的言语全都吼了出来，于敏也跟着骂了起来。

在一旁听了半天的刘刚终于有点儿忍不住了，试图说句公道话，但无奈邱红根本听不进去。于敏和邱红吵嚷的声音越来越大，越吵越凶，进而动起了手。邱红恼怒之下打了于敏一巴掌，于敏也不甘示弱，开始扯着邱红的衣服，朝着她的脑袋拍了几下。徐灿一看邱红竟然对自己的老婆动手，一下子忍不住了，参与到厮打之中。这时，王强带着女儿和女婿回来了，一看这情形，什么也没问清楚就帮着邱红同于敏、徐灿打了起来。王强一家人多，很快徐灿于敏夫妇就不占上风了。他们争吵的动静很大，惊动了村子里的很多人，看热闹的人越来越多，也有几个上前劝架的，把打作一团的两家人劝开了。虽然不再动手，可这几个人嘴里还是谁也不饶谁。

这时，邱红突然间从人群中冲了出来，朝路口的垃圾站走去。不一会儿，就见她用塑料袋装了一堆从垃圾站拾来的烂番茄、臭鸡蛋。她提着袋子穿过人群，直接走向于敏，大家一时间都没反应过来邱红要做些什么，只见邱红将于敏推倒在地，然后将手中塑料袋里的烂番茄和臭鸡蛋抹在于敏的脸上。于敏也被这气势惊呆了，徐灿赶紧去拉开邱红。刘刚一直在旁边试图劝架，看到邱红竟然如此过分，就跟于敏说："你先别站起来，我要给你照相，咱们保留证据！"说着就从口袋里掏出了手机，把于敏坐在地上，脸上都是垃圾的样子照了下来。邱红想要上前去抢刘刚的手机，被刘刚一把推开，他大吼道："谁再打架我立马报警！"人群一下子静了下来。徐灿听到报警俩字，也反应了过来，立即拨通了 110 反映了现场情况。挂了电话后，徐灿说："王强你们家谁都别想走，等警察来咱们没完！"王强、邱红虽然心里有些害怕了，但嘴上也不服软。邱红说："来就来，又没把你们打出毛病，警察也管不着这事，谁怕谁啊！"于敏说："我要告你们！"邱红一听，说道："法院才不管这事呢！我又没伤了你！法院管的都是杀人放火的事儿，就我涂你一脸臭鸡蛋这点儿小事，人家才不管呢！你吓唬谁啊！"

两家人争执间，警察及时赶到了。警察向周围群众了解了大致情况，并向王强两口子和徐灿两口子了解情况，做了笔录，然后将他们四人带去派出所。在派出所里，于敏还念叨着要到法院告邱红的事，邱红说："你有本事告去啊，法院理你才怪呢！"民警在一旁对邱红说道："你的行为属于侮辱，被害人完全有权利起诉到法院去维护自己的权利。虽然侮辱罪不属于公诉范畴，但是侮辱属于自诉案件范围。自诉是指由被害人或者他的法定代理人，依法向人民法院直接提出起诉的刑事案件。根据我国《刑事诉讼法》及其司法解释相关规定，自诉案件范围包括告诉才处理的案件，被害人有证据证明的轻微刑事案件，被害人有证据证明对被告人侵犯自己人身、财产权利的行为应当依法追究刑事责任，而公安机关或者人民检察院不予追究被告人刑事责任的案件。告诉才处理的案件是指刑法分则具体犯罪条款中明确规定为'本罪告诉才处理'的犯罪案件。这类案件在我国现行刑法中有少数几种，如侮辱罪、诽谤罪、虐待罪和暴力干涉婚姻自由罪等。被害人有证据证明的轻微刑事案件，主要是指被害人已经掌握有被告人犯罪的证据，而被告人被起诉指控的犯罪行为系可能被判处三年以下有期徒刑、拘役、管制或者单处罚金刑的刑事案件。被害人有证据证明被告人侵犯自己人身、财产权利的行为应当依法追究刑事责任，而公安机关或者人民检察院不予追究的刑事案件是指虽属公诉案件，但被害人依法向公安机关或者人民法院举报、投诉后，公安机关不予立案，或者人民检察院已决定对被告人不予起诉，或者仍维持对被告人不予起诉的决定，被害人不得已而向人民法院直接起诉。具体来说，刑事自诉案件应当包括轻伤害案、侮辱他人诽谤他人案、暴力干涉婚姻自由案、重婚案、破坏现役军人婚姻案、虐待家庭成员案、遗弃案等。邱红，你的行为属于侮辱他人的行为，于敏作为被害人，完全可以依法向法院提起自诉。”

邱红一听，立马变了脸，口气也软下来，她希望能得到于敏的原谅。但于敏想到自己当时在众人面前，被邱红涂了满脸垃圾，心里实在不服气。从派出所回来之后，她便准备着要去起诉的事情了。她先是找到了当时在场的村民，希望他们能够出庭作证。村民们对徐灿给他们开拓了销路一直都是抱着感激之情的，而且他们当时确实见到了王强一家的蛮不讲理，于是都答应如果需要的话，一定按时到法庭作证，将自己看到的一切如实在法庭上陈述。但是于敏不会写诉状，也不了解起诉的程序，她叫徐灿回到工地上打听打听有没有懂得起诉的工友。徐灿转天便启程回工地了，他和几个工友说了一下家里的事，正巧一个工友的弟弟曾经自学过一些法律，而且就在旁边的餐厅做经理。工友带着徐灿就去找了他的弟弟，弟弟按照徐灿陈述的情况帮他写好了起诉状，而且给他讲了讲具体的起诉流程。把一切都问明白之后，徐灿便从工地上请了几天假，打算回家给于敏讲讲具体的细节。

于敏听徐灿讲完之后，对打赢这个官司充满了信心，第二天她便将一纸诉状递到了法院。很快，法院便开庭审理了此案。在法庭上，几个当时在场的村民都如约到庭讲出了事实真相，而邱红对她的行为依旧没有悔改之意，她始终坚持是于敏和徐灿先说了自家麦子不好，导致自己的麦子没了销路，还说自己只是向于敏脸上涂了一点儿垃圾。法庭根据于敏提供的照片，以及在场村民的供词和警察的出警记录还原了事件真相，法院经审理认定，被告人邱红因琐事与自诉人于敏发生纠纷，继而对徐灿、于敏夫妇辱骂，双方发生厮打，随后邱红之夫王强及女儿、女婿赶到现场，参与互骂、厮打，其间于敏被打倒在地，邱红即从路口的垃圾站捡来了一包垃圾，涂在了于敏口中及面部。对邱红关于其系无罪的辩护理由，经查，被害人于敏的陈述、相关证人证言及邱红的供述等证据能够相互印证，证实邱红公然侮辱他人，情节严重的事实，被告人邱红以向他人面部、口内涂抹垃圾的方法公然侮辱他人，情节严重，其行为已经构成侮辱罪。

听到法庭上村民们都讲出了事实真相，邱红也认识到自己的行为过分，在法院宣判之后，她没有提出上诉。

23. 因爱生恨动了刀　触犯刑法难私了

吴金花和魏金强都是村里化工厂的员工。吴金花是厂里广播站的播音员，相貌姣好、声音甜美，从进厂以来就有无数的追求者，但吴金花没对谁动过心。魏金强晚吴金花一年进厂，但比吴金花年长三岁。在进厂之前，魏金强曾经在省城的大厂里打过工，后来因为父母年迈需要人照顾，便辞了省里的工作回到村里安心陪伴父母。魏金强在省城打工的时候，就爱和厂里一些有文化的员工聊天，听着他们讲讲故事，眼界开阔了不少，再加上平时也爱看书，魏金强骨子里透着一股厂子里其他人少有的书卷气。除了气质出众，魏金强平时还爱跑步，规律健康的生活让他看起来挺拔、阳光。进了村里的厂子之后，魏金强成了很多女工倾慕的对象，可他一心只想做好工作，所以对很多女工的爱意都礼貌地拒绝了。

直到有一天中午吃饭时，吴金花在广播站值班播音。当喇叭里传来吴金花甜美的声音时，魏金强一下子被这声音吸引住了，仿佛有魔力一般，让他不想错过喇叭里的每一个字，他的心忽然跳漏了几拍，旁边的人拍了拍他："喂，我们跟你说话呢，你想什么呢这么入神？"魏金强一下子回过神来，傻笑道："没啥，没啥。哎，对了，今天广播员和其他时候的不一样啊，新来的？"同事们一听都笑了，调侃魏金强："怪不得吃个饭魂儿都没了呢，原来是被咱金花的声音勾了去呀。什么新来的呀，人家吴金花是咱们厂花，早你一年进来的呢，不仅声音甜，人还长得美呢，我们哥儿几个都追过她。""结果呢？结果呢？"魏金强有点儿着急了，"你急什么呀，结果……结果没戏呗……哈哈哈！"大家都笑了起来，魏金强也跟着大家傻笑。

下午回到车间，魏金强心里还在惦记着中午听到的美妙声音，总觉得这就是他一直想要找的人，他忽然动了谈恋爱的心思。"吴金花，你快点儿啊，再不快点儿领导该生气了！"厂里的大嗓门徐华一边嚷嚷一边往会议室方向风风火火地走。金强听见有人叫吴金花，立马回头看，一个长发飘飘的女孩儿一边整理书包，一边应承着说："来了来了，别催，别催嘛！"这声音正是中午喇叭里的声音。难道她就是吴金花？魏金强觉得自己的运气真是好极了，竟然毫不费力就见到了自己想见的人。

整个下午，魏金强都在想着怎么才能够让吴金花认识自己，他想起来下午那会儿徐华叫吴金花的语气，她们应该很相熟，于是魏金强觉得可以通过徐华介绍吴金花认识自己。等到快下班的时候，魏金强听到会议室有很多人走了出来，又听到大嗓门徐华说："这个会开了这么久，可累死我了！"魏金强赶紧从车间走了出来，趁着周围没什么人，把徐华拉到了一边。还没等徐华开口问，魏金强赶紧比了一个小点儿声的手势。他小声说："徐华姐姐，我看你跟咱们厂里的吴金花挺相熟的，我刚到厂里，认识的同事不多，想多结交些朋友……"还没等魏金强把话说完，徐华抢了白，说："你少来，我在厂里待了这么久了，你们这些小男孩儿的心思我还看不出，是不是想追我们金花，有话你直说呗，还拐弯抹角的！"魏金强腼腆一笑，点头说："我对她是有点儿意思，姐姐你能帮帮我吗，谢谢姐姐了！"徐华说："算你小子有眼光！我们金花自打进了厂，就有很多小伙子要追，可她就是哪个都没看上眼。你别看我们金花从小都在这村里待着，可是这孩子爱看书，没事儿还爱看些洋气的书，什么摄影啊、旅游啊，没她不爱看的。人家姑娘眼光可高呢！不过，我看你之前在城里待过，没事儿也爱自己看看书，算是个上进的年轻人，跟我们金花挺配的。这个忙，姐姐帮！"金强听了这话，觉得自己好像成功了一半，简直不敢相信自己的耳朵，连忙接着问："那姐姐您打算怎么给我们撮合啊？""这还不简单！下次我们车间聚餐，我说你是我在厂里的好朋友，带上你一起去不就完了。我不跟你说了啊，我得赶紧下班接孩子了！"说完，徐华就走了。"谢谢啦！"金强在后面大喊了一声。

三天之后，快要下班时金强接到一个电话，是徐华打来的。电话那头说："强子，我们车间明天中午几个要好的人一起聚餐，你来吧！记得哦！金花爱看书！"魏金强开心坏了，挂了电话就赶紧回家了。他从自己的书柜里翻出了几本最爱看的摄影书和诗集，又在衣柜里挑了一套当时在省城里专门定制的西装。一切准备就绪，金强就早早地上床躺着。可紧张又激动的他辗转难眠，一会儿起来挑领带，一会儿又起来擦皮鞋，折腾到好晚才入睡。

第二天一大早，金强就到村口等去县城的车，一路颠簸到了县城，他早早地到了餐厅等着。11 点钟，听见门外传来了徐华的声音，金强赶紧站起来迎了上去，徐华和金强招了招手，便随着金强的指引进了包间。进屋之后，徐华跟车间里的几个朋友介绍说："这是咱们厂二车间的金强，刚进厂没多久，我跟这个小伙子挺聊得来的，咱们几个聚餐我也想带他来，认识认识。"说完之后又把金强给大家一一进行了引荐。"快赶紧坐吧！"介绍完，徐华便忙着张罗起来，"来来，金花、金强，你俩都是新进厂不久，坐一起有话聊，我们这些老人儿就不跟你们年轻人瞎凑热闹了。"

金花、金强都有些尴尬地坐了下来。最初两人都不知道说些什么好，后来金强最先打破沉默说道："你是咱们厂里广播台的吧？我听过你的声音，特别好听。我的同事也总说你广播得特别好！""是吗，呵呵。"金花腼腆地笑了。金强接着说："咱们厂子的工作倒不是很忙，平时自己的时间比较多，没事儿能看看书也挺好的。"金花接话道："我也挺爱看书的！"金强拿出了从家里带出来的几本书，递到金花面前，说："喏，你看，这是我最喜欢的几本书，我猜到今天聚餐肯定有个爱看书的姑娘，我就带着了，看来我果然没猜错，你拿回家看看吧！"金花听了先是有些惊讶，进而变得有些惊喜，于是愉快地收下了书。这顿饭俩人都没怎么吃东西，全程都在聊读书，金强也讲了他在省城的见闻，金花听得入神。酒足饭饱之后，大家就热热闹闹地回去了。

周一一上班，金强就把和金花聊得开心的事告诉徐华了，徐华说："我就说你俩有戏，金花昨天还跟我说你不错呢，跟厂里其他人不一样，她觉得你挺有见识的。你乘胜追击吧！"金强听了徐华的话更是信心满满，每天下班都等金花一起走，有时中午吃饭也一起。时间长了，两个人越来越聊得来，最后金强决定向金花表白。一天，金强又给金花带了一本自己很爱看的书，里面夹了一张小纸条，上面写着："做我的女朋友吧！"金花看完之后开心极了，过了几天书还回来的时候，纸条上多了一行字："我愿意。"就这样，两个人在一起了。

两人一谈就是两年，这期间金花身后还是跟着不少追求者，也有不少姑娘喜欢金强，厂里人多嘴杂，金花和金强每天除了面对工作，还要面对厂里人质疑的眼光，心里觉得累极了。谣言传得越来越多，金花和金强之间的信任好像越来越少，他们开始为一些小事争吵，经常冷战。但金强总是觉得离不开金花，所以每次吵架之后金强都会主动向金花道歉。然而时间长了，金花觉得自己对金强的感情在一次次吵架之后变得越来越淡。她不想再承受厂里人的风言风语，便决定和金强分手。在又一次争吵之后，金花向金强提出了分手的要求，金强坚决不答应，但金花还是坚持，从那以后再也没回复过金强的信息，再也没和金强一起吃过饭，甚至在厂里见面都不打招呼。金强每天郁郁寡欢，总听到别人对他议论纷纷，说金花是因为爱上了新来的大学生才甩了他。金强越想越不服气，他觉得自己不能就这么轻易放弃，他要向金花讨个说法。于是他约金花出来谈谈，金花自然是不会答应的。金强找借口说要把金花当时送给他的礼物退还给金花，不想自己再睹物思人，想见金花最后一面。金花听后便答应了。

金花下班后到村里的荷花池畔与金强会面，下班时，她看到了徐华，徐华问："这么着急去约会啊？"金花只是点点头敷衍地回了一句："嗯。"说完便匆匆忙忙地走了。第二天一早，徐华在单位没看到金花，心里正纳闷呢，几个警察来找她，徐华紧张得要命，问警察有什么需要帮忙的，警察问道："你认识吴金花吗？""认识认识！"徐华连忙答道。"她昨天在荷花池见什么人你知道吗？""不知道啊！咋啦？她不会出事了吧？""昨天她在荷花池边被人捅了，现在在医院里，但是已经脱离了危险期，她父母都在身边呢，你想起什么线索，记得向我们及时提供。"徐华一听，吓出了一身冷汗，她第一时间想起了金强，她对警方说："昨天下班时我还见到金花，看她慌慌张张的，我问她是不是去约会，她就随便说了声'嗯'就走了，而且最近她刚跟我们厂的魏金强分手了，该不会是……"警方将这一重大线索记录下来，并第一时间将嫌疑目标锁定为魏金强。

徐华和警方的猜想都没错，作案的正是魏金强。魏金强在作案后回到家时神情慌张，父母察觉出异样便问他究竟发生了什么，魏金强向父母说了实情。他父母都是村里的老实人，知道儿子犯了这么大的罪过，一时都不知道该怎么办好，只能赶紧带着儿子到村委会，让儿子向组织交代问题。魏金强到了村委会，又将事情的原委讲了一遍："我和同厂的吴金花在一起两年了，后来吴金花跟我分手，一开始我只是伤心，可是听人说她是因为喜欢上了别人，所以才不要我了，我不甘心，打算今天晚上找她理论，也希望她能给我一个说法，结果她不但没有对我说些好话，反而说早就不想和我在一起了，其实她早就和我们厂新来的员工看对眼了，还把我送给她的东西扔进了荷塘里，我当时气过头了，就拿了随身带的小刀向她脸上刺了一刀，她就大喊杀人了，然后转过身就要跑，我怕她给我惹麻烦，就把她拦下来按住了，捂上她的嘴巴在她后背又刺了几刀。"魏金强的父母又听儿子讲了一遍他的所作所为十分生气。但毕竟他是家里的独子，父母不希望他出什么事情。于是魏金强的父母向村委会的领导提出，希望村委会能够出面帮忙调停，并且表示他们愿意给吴金花一家足够的赔偿，帮助吴金花看病，向吴金花道歉，等等。

村委会领导同意了，并在第二天找到了吴金花的父母，向他们说明了来意，村委会主任说："魏金强这个孩子平时表现挺好的，在厂里工作也积极认真，他平时对你家金花也是一心一意。你家金花前一天晚上说的话也是过分了些，魏金强他是一时冲动才干了傻事。他爹妈现在也愿意给你家赔偿，你们有什么条件尽管提，我们村委会帮忙调停，咱们争取把这个事妥善解决了。"吴金花的父母听了表示不同意，说："我家孩子就是再不对，他魏金强也不能随便动刀子啊。现在我家姑娘脸上被划了一大道子，这么漂亮的闺女就毁容了。后背那几刀弄得我家闺女现在还没醒，虽然是脱离了危险期，但是一直昏迷，我们要到法院去找说法！"村委会一看情形不妙，赶紧又说："你看大家都是乡里乡亲的，何必把事情闹这么大呢？闹到法院还不够丢人的。这都是年轻人年轻气盛，不是故意的。咱们得对他们进行批评教育，而且你们家要是嫌营养费太少，他们家愿意全额支付。还有之前金花耽误的工资，他家都给你们补上。咱们写好协议，我们村委会给你们保证肯定没问题。这样对你们也很好，对我们村里也好，你说呢？"金花的父母想到要去法院，也很是害怕，在村委会的劝说下，和魏金强的父母达成了协议。协议约定："魏金强不得再找吴金花；魏金强向吴金花支付全部医药费及营养费；魏金强向吴金花支付误工费；以上条款由村委会领导监督执行。"达成协议之后，魏金强一家和吴金花的父母便各自回家了。

三天后，公安局民警来到该村，将魏金强逮捕，村委会领导向前来的民警说明了双方已经存在的协议，并表示事情已经妥善解决，要求公安机关不要逮捕魏金强，也不要追究其刑事责任。民警向村委会人员及闻讯赶来的魏金强父母说道："刑事案件是不可以由村委会主持私了的，我国《刑事诉讼法》明确规定，对刑事案件的侦查、拘留、执行逮捕、预审，由公安机关负责。检察、批准逮捕、检察机关直接受理的案件的侦查、提起公诉，由人民检察院负责。审判由人民法院负责。除法律特别规定的外，其他任何机关、团体和个人都无权行使这些权力。你们的做法是违反法律规定的，魏金强触犯了刑法，就要受到法律的制裁。"说完便将魏金强带走了，魏金强对这个结果并不意外，他现在唯一担心的就是无人照顾年迈的父母，他看着痛哭的父母，流下了懊悔的眼泪。

24. 因钱财兄弟反目　念旧情谅解减刑

李一、李末、张力是从小玩到大的好兄弟，李一、李末是亲兄弟，张力是和他们住在一个四合院里20多年的好伙伴。小时候，三个人一起上学放学，偶尔有些男孩子间的打打闹闹，可兄弟之间的感情正是在这玩闹中越来越浓。一转眼，三个兄弟都长大成人，后来各奔东西到外地上大学。但是每逢寒暑假回家，三个人要做的第一件事就是和好兄弟约时间见上一面，互相诉说不曾告诉外人的心里话。

大学毕业那年，三兄弟约好了一起回家乡发展。李一、李末两兄弟大学期间学的是文科专业，性格上也比较内向，喜欢稳定的工作，于是两人毕业后先后考上了家乡的国有企业，过上了踏实的小康生活。可张力却不同，这孩子虽说是和李一、李末从小一起长大，但性子里总是多了一股闯劲儿。三兄弟考大学时，计算机技术在我国才刚刚起步，可张力就断定这个行当将来一定有大发展，于是不顾家里的反对，毅然报考了当时还是冷门的计算机专业。在张力读大学期间，计算机开始在各家各户慢慢普及起来，于是张力把握住了时机，做了不少帮别人上门组装电脑、安装程序的兼职，四年下来，积累了不少资金。到了毕业季大家都纷纷奔波于各种招聘会时，他却不安于和别人一样过着朝九晚五的生活，更不甘心天天为别人打工。于是，他拿着上学期间兼职赚来的一点积蓄，打算开一家小公司。说干就干，租房子、买设备、请帮手，张力就这样凡事亲力亲为，公司总算是开张了。开业当天，李一、李末来给张力道贺。看到好兄弟有这样干事业的雄心，又把公司开了起来，二人心里也着实是高兴与激动。

在张力的苦心经营下，公司有条不紊地运作成长着，三年下来，渐渐成了当地小有名气的企业。然而，随着公司的成长，张力的烦恼也随之而来，他开始不满足于公司现有的规模，希望拓展公司业务，将公司进一步做大。但是由于公司流动资金并不充裕，张力扩充公司规模的想法一下子难以实现。关键时刻他想到，自己的好兄弟李一、李末这三年干下来可能也有了些积蓄，于是打算先找他们借些资金做临时周转。张力随即跟李一、李末说起这事，李一、李末二人也是性情中人，虽然自己三年苦干才积累起这么点积蓄，但眼看着好兄弟遇到难关，也想着搭把手。20多年的感情，绝不能毁在这点钱上。于是二人便痛快地答应了。张力也不是让兄弟吃亏的人，他跟李一、李末说："我给你们算入股吧，公司现在已经走上正轨了，各方面发展得不错，基本上是个只赚不赔的买卖。我把你们的钱折算成公司的股份，到年底公司就可以给你们分红了，你们什么时候愿意拿出去都可以，你们觉得呢？"李一、李末相信张力是个靠谱又有眼光的人，而且眼见着张力的公司生意确实红红火火，便答应这笔钱就放在张力的公司里算作长期入股，暂时不拿出来，就等着年底分红。

刚开始，一切都进展得很顺利。拿到资金的张力把公司越干越大，他也按照当时和李一、李末的约定每年度都给他们分不少红利。然而，利润的增长渐渐使张力的野心越来越大，他开始尝试跨界做生意，甚至开始涉足自己并不熟悉的娱乐界、地产界生意。世事难料，任张力再尽心尽力，也没办法对市场风险及时作出完全准确的判断。更何况，张力是个技术员出身，对娱乐业和地产业不甚熟悉，在商场打拼的经验又不够丰富。不久，一次错误的商业判断就让他的生意一败涂地，整个公司也陷入瘫痪状态。到了年底，别说分红了，就连公司的各项开支都难以支付。在这个关口，张力又想到了自己多年的好兄弟。一天晚上，张力将李一、李末两兄弟约出来喝酒，跟两位好兄弟讲了自己当前的艰难处境，希望能够再从他们那里借些钱来周转。可是人到中年，两兄弟早已有了家室，各自担起了家庭的重担，前些年先后买房买车，再加上孩子读书的花费，已经没有任何多余的闲钱可以出借了。二人原指望先前在张力公司投入的本钱可以帮他们赚点儿分红，现在一听说连本金都没了，心里一下子焦急了起来。但碍于多年兄弟的情面，李一、李末二人并没有张口多说本金的事，只是劝解张力道："商场凶险，你这么多年打拼也不容易。我们看不如就借着这个机会，把公司结束了吧。凭你的能力，要是想踏实下来找个铁饭碗，那简直易如反掌。看你这么多年操劳，身体也落了不少病，别再折腾了。"张力听了这话，心中自然是不快，他对李一和李末说："咱们这么多年的兄弟，我是什么人你们还不了解吗？竟然对我说出这种话！你们家里现在需要钱我也清楚，我也是实在走投无路了才和你们张口，想不到你们不但不帮忙，还想让我结束掉自己多年来辛辛苦苦打拼出来的事业。我看咱们也没什么好说的了。你们先回家吧，我想一个人静一下！”李一和李末见张力情绪激动，也没有再多说些什么。临走时，哥俩儿告诉张力注意保重身体，说完便起身离去了。

在回去的路上，李一和李末越想越不对，李末说：“哥，没办法再借钱给张力也不是咱们不愿意借，是真没有这么多闲钱在手上，现在咱们拖家带口的，哪儿比得上以前，而且咱们好歹也投了二三十万元在里面，张力他怎么说翻脸就翻脸了。”李一长叹了一口气，说：“别说翻脸不翻脸的，就这二三十万元咱们能不能要回来都是个事！”“对啊！那咱们这钱就这么打了水漂儿，张力还不念咱们的好，我儿子那天还在找我要学费呢，不行，我得把这钱要回来！哥，你要吗？”“可是怎么张得开这嘴啊！”李一两头为难。“怕什么，他都跟咱们翻脸不认人了，咱们还顾得了这些情面。这几年他野心越来越大，咱哥俩儿今天劝他也是为他好，他毫不领情，咱们也犯不上跟他客气了，钱是他当初困难时找咱借的，咱们也算是对得起他了，现在咱们也需要钱啊，找他要回来理所当然。哥，别犹豫了！”“你容我想想怎么说。”说完两兄弟便各自回家了。

第二天一大早，李末便来敲李一家的门。一进门，李末就慌张地说：“哥，我等不了了，孩子在国外读书等着交学费，我手头没这么多现金。今天张力不去公司，我今天就得去他家把钱要回来。”李一睡眼惺忪，看着李末的慌张劲儿，也一下没了睡意。于是他起床边收拾边说：“你先冷静点，怎么说咱们跟张力也是几十年的兄弟，就因为这点钱搞得撕破脸，显得咱也太不地道了。把钱要回来可以，但是说话的时候也得讲究点方式方法。我怕一下子把话摊开了他接受不了。”李末说：“反正只要能把钱要回来，怎么说怎么办我都听你的。”李一听了这话，便在脑子里想着到了张力那该如何开口。

随后，哥俩儿便开车来到了张力家。张力开门见到两兄弟，倒是也没觉得稀奇，开了门便转身进屋了。两兄弟随后跟了进来。这时，李一先开了口：“张力啊，哥哥知道你昨天晚上肯定没睡好。昨晚上我们哥俩儿说的话你别放在心上。生意场上，胜败乃兵家之常事，我们相信你有实力一定能够东山再起！”张力听了这话也不为所动，只是淡淡地答了一句：“没钱什么都没戏。”李一接着说：“张力，我们哥俩儿的情况你也知道。本来在国企靠着固定工资过日子，闲钱就不多。现在都是有家有孩子，前两年还都把孩子送出国读小学了。我们从来也没跟你提过我们的日子过得有多紧，但是你也应该了解国外的开销有多大，我们的手头哪有这么多钱筹来给你啊。不是我们不想帮，是确实有困难。”张力面无表情，嘴里挤出一声：“呵。”

一直没作声的李末有些坐不住了，他站起来说：“张力，你别这副德行啊！我哥好好跟你说，你还没完了。事情搞成现在这样子，还不都是因为你野心勃勃，步子迈得太大。当初你搞事业的时候，我们哥俩儿也不是没帮过你，你干吗这个样子啊！再说了，你要是这样，我们的钱也不能在你那打了水漂。”李一听到李末这样说，赶紧叫李末打住。没想到这下张力急了，他大声说：“你们到底是不是我兄弟！前几年公司赚钱的时候也给你们不少分红，在这个节骨眼儿上，你们不借钱就算了，还找我算旧账？”说罢气得转身开门想轰两兄弟走。

李一见情形不妙，便拉着李末准备离开，改日再议。谁知道一个不小心，蹭掉了茶几上的茶杯。张力以为他们两兄弟和他摔杯子，一下子怒火中烧，把几天以来压抑的愤怒全都爆发出来了。他指着门口大吼道：“你们两个给我滚！”李末看见张力这样子，也吼了起来：“你缺钱我们不缺啊？当初钱是借给你的，说好了我们什么时候要就什么时候找你拿。现在又想要无赖！我们两家这也都等着钱用，你赶紧把钱还给我们！”张力顺手拿了门口餐桌上的水杯，摔在了地上，又是一声怒吼：“滚！”李末快步上前，一巴掌打到了张力脸上，李一一下子没来得及拦住，张力的一巴掌也打到了李末身上。两人就这样扭打起来，反应过来的李一赶紧上前来拉住两个人。撕扯之间，李末拿起了地上的碎玻璃划到了张力的眼角，瞬间鲜血直流，三人顿时傻了眼。

见到了受伤的张力后，三人慢慢恢复理智，张力站起来，捂着眼睛，掏出手机报了警，说有两个人破门而入把他眼睛打了。挂了电话后，张力说："把我打成这样，你俩谁也别想走了。"李家两兄弟看着张力满脸的血也不敢多说什么，李一拿了茶几上的纸巾想给张力擦擦，被张力一把推开。三个人静静地站在那里等警察来。半小时后，警车赶到，几名民警上楼敲门。其实，张力受伤并不严重，眼角上的血渍已经开始慢慢凝结。但他抢先一步打开房门，见到警察就直接指着李家兄弟大喊："就是这两个人，破门而入，把我的脸打成这样！"民警倒是没有急着下定论，先安抚了张力的情绪，又认真听了李家兄弟的辩解。在民警的调解下，三个人的情绪慢慢平静了下来，商量好由李家兄弟带着张力到附近医院及时就医。民警做好登记工作，看着李一、李末将张力扶上车后，便离开了。

李家兄弟载着张力向附近的医院开去。车上，三人相视无语。没多大一会儿，张力先开口打破了沉默："咱们这么多年的兄弟，算是白做了，为了点儿钱弄成这个样子。看完病之后咱们就别再联系了！"李一、李末一听，心想，张力这话里话外是不想还钱了。于是，李末赶紧问了一句："那我们的钱呢？"张力气哼哼地说："你们把我搞成这个样子还好意思找我要钱？""我们的钱你想赖着不还？看病是看病，但是还钱的事儿你可别想打马虎眼！"李一终于也忍不住嚷嚷了起来。张力毫不示弱："话都说到这份儿上了，那也没什么不好意思的了。我现在是一分钱没有，你们就算是打死我，我也没钱还！"李一一个急刹车停住了车子，打开车门把张力一把拽了出来，一拳打在张力脸上，吼道："你说没钱就没钱？好声好气跟你说，你敬酒不吃吃罚酒，我今天一定要让你把我们的钱吐出来！"李末也上来帮忙，两人将张力按倒在地，对张力拳打脚踢。扭打之际，旁边有路过的群众看到这一情况，发觉不对劲，赶忙前来喝止。上前围观和劝阻的人越来越多，也有人拉扯着李家兄弟要报警，二人一看情形不妙，赶紧挣脱开人群，转身上车开走了。两人在车上越想越怕，李末安慰李一道："刚才旁边那么多人，肯定有人把张力送到医院去，而且咱俩下手都不重，他不会有什么大事的，咱俩还是先别回家，直接去外地避避风头吧。"李一点点头，开着车直接去了邻近城市暂避风头。这边，围观和劝阻的好心人报了警，并把被打倒在地的张力送去了医院。医院随后为张力出具了伤情鉴定，张力构成轻伤。公安机关对事情进行了调查走访，最后决定将李家两兄弟列为网上追逃对象。

公安机关将李家兄弟的相关信息联网之后，周边城市也都参与了抓捕行动，很快他们锁定了李家兄弟的车，随即将藏在出租屋内的李一和李末抓获归案。被公安机关抓获归案后，李一、李末对他们殴打张力的事实供认不讳。

在法庭上，李一痛哭道："这几天我们兄弟俩过得不太安生，天天都想警察赶紧来把我们抓起来算了，我们俩想了想因为这点钱就跟兄弟翻脸到这个地步，实在是……"张力听了，也忍不住哽咽了，其实张力在这几天中也没睡过一天好觉，他总是回想起三人小时候一起上学，一起打闹的日子，还有长大后他们一起喝酒，互诉心事的夜晚。轮到张力发言时，他小声说道："我也有不对的地方，找你们兄弟借了钱还不领你们的情，只顾自己，没考虑过你们的处境，说了太多不该说的话。"就这样，三人终于互相体谅了各自的难处，最后，在法庭的主持下，李一和李末向张力道歉，同时同意对张力的损失进行赔偿，张力也表示会及时还清两兄弟的钱，并对他们表示了谅解，双方签订了和解协议。

法院经审理后认为，李一和李末合伙故意伤害张力身体，致人轻伤，他们的行为已经构成故意伤害罪，但鉴于李一和李末能够如实供述罪行，同时自愿认罪，与被害人和解，根据《刑事诉讼法》的规定，法院判处李一及李末拘役四个月。

肆

信访与国家赔偿篇

25. 信访反应速度快　老人终获赔偿款

徐海涛曾经是向阳中学的语文教师，已经退休好几年了。在30多年的教学生涯中，徐海涛一直兢兢业业，努力教书育人，许多年轻教师都把他视为自己的榜样。在达到退休年龄时，徐海涛主动向学校申请继续带高三毕业班。当时有好多年轻教师想进高三年级语文组，竞争非常激烈。所以学校对老师采取了考试竞聘制，没想到当时60岁的徐海涛居然考了第一名，顺利进入高三年级语文组。很多年轻老师之前自信满满，觉得徐老师岁数大，记忆力衰退，考试肯定考不过年轻人。但是这些年轻老师没有想到，徐海涛为了这次考试，每天晚上都熬夜复习到12点。因为高三需要对高中三年所学的全部知识进行复习，所以这次考试的范围非常广，徐海涛凭借惊人的毅力，记住了所有的知识点。考试成绩出来后，许多年轻老师又改口称徐老师教了30多年书，这些内容早就背得滚瓜烂熟了，他考第一名理所当然，有些年轻老师跑到校长那里去告状，说高三的学生肯定喜欢年轻老师，年轻老师讲课有活力。校长依了这些老师的意思，决定加赛一轮，让有意加入高三语文组的老师分别在相同的班级中试讲。为了公平起见，校长没有从课本里找，而是选择了《三国演义》中的一个章节，这让年轻教师乱了方寸，一节课下来学生都眉头紧锁。徐老师讲课的时候，校长特意让年轻教师坐在教室后面旁听，事先不知道讲课内容的徐老师，一上来就为大家介绍了《三国演义》的创作背景和它的作者罗贯中，继而又讲到了陈寿所著的《三国志》，学生听得津津有味，反响很热烈。

这次讲课结束之后，学校所有老师都对徐海涛敬佩有加。但是他们不知道，徐海涛对试讲很没信心，因为不知道题目，他在试讲的前几天都紧张得睡不着觉，但是没想到是讲《三国演义》，这可是他最熟悉不过的作品了。徐老师年轻的时候，非常喜欢收藏书籍，尤爱线装书，家里收藏了许多精美的线装书。后来由于家庭经济状况不好，20岁出头的徐海涛就上街卖书。有一次他在街上卖书时，被一个女子一口咬定抢了她的钱包，任凭他怎么辩解都没有用，后来警察把他带回了派出所。由于找不到真正的抢劫犯，徐海涛又已经被关押，警察就将错就错，强迫徐海涛认了罪，徐海涛也因为抢劫罪，被判刑三年。徐海涛当时觉得自己的人生没有希望了，但是在监狱关了六个月之后，真正的犯罪嫌疑人被警方抓获，徐海涛被释放，但是他被警察带走时随身带的书籍却不见了。这让徐海涛很伤心，不过他觉得重获自由的感觉实在是太好了，也就没太在意书在哪里。直到徐海涛当了语文老师之后，他才想起他那些丢失的书籍中有自己最喜欢的线装书《三国志》，还有郭沫若签名的《蔡文姬》以及其他十多本文学名著。但是再也找不回它们了，徐海涛几次找到公安局，都被拦在门外，这件事渐渐地也就被他淡忘了，唯一没有忘记的，是对语文教学和文学的热爱。

徐海涛 60 岁时担任高三年级的语文教师，在他的带领下，这一年毕业的学生的高考语文成绩平均分创了学校新高，在全市排名第二。要知道，徐海涛所在的向阳中学只是一所普通高中，考出这个成绩实属不易。第一名的市一中的平均分只比徐老师的学校高出几分，差距非常小。其实，徐老师在年轻的时候很想去市一中当老师，但是市一中管人事的老师认为他进过监狱，不适合当老师，就没有聘用他。任凭徐海涛百般解释，他们全然不听。绝望的徐海涛抱着一丝希望来到了向阳中学应聘，急缺人手的向阳中学录用了徐海涛，徐海涛工作三年后就显示出极强的工作能力，带出了向阳中学的第一个一本学生。后来随着他的经验不断积累，到现在，向阳中学的一本率已经能达到百分之五十了。对于一所生源质量较差的学校来说，这已经算是奇迹了。徐海涛老师早已成了市教育界的明星教师。后来，市一中的副校长亲自去徐海涛家里找他，希望他能去市一中，并承诺让他当年级主任。徐海涛婉言谢绝，在向阳中学坚守 30 多年，而且一直工作在教学第一线。毕竟岁月不饶人，徐海涛在带了一年高三后，明显感到身体吃不消，就选择退休了。

徐海涛虽然离开了教师岗位，但是学校念他贡献突出，特许他每天自由出入学校，并为他准备了一间办公室。退休后的徐海涛还是像以前一样，7 点半就早早地到了学校，到学校后他第一件事就是看当天的报纸。前几天，他偶然从报纸上看到全国公安机关局长大接访的消息，了解到很多疑难、久拖不决的问题在这次大接访中解决了，心中的敬佩之情油然而生。全国公安局局长都能亲自接访，还有什么解决不了的事情？徐海涛想到了30多年前发生在自己身上的那件事。虽然这件事已经过去了30多年，但一直是自己心中的一个结。既然现在有全国公安机关局长大接访的活动，自己应该尝试一下。徐海涛在报纸上看到了市公安局局长李山的联系电话，他抱着试试看的心态，在当天晚上给李山局长发出了一条短信："闻道李局长办事实在，萌生信访。39年前，我因错案被逮捕判刑后又宣告无罪，但市公安局搜查去的《三国志》《儒林外史》等十余本线装书，郭沫若签名的《蔡文姬》一书一直未退还（搜查记录仍在），祈盼他局长过问！无论结果如何，信访老头徐海涛都感谢了。"

发完短信后，徐海涛就后悔了。他想着公安局局长那么忙，怎么会有时间管自己这件陈芝麻烂谷子的旧事，而且自己的书肯定早就被弄丢了，公安局顶多就是说一声对不起而已。但是徐老师怎么也没有想到，短信发出后仅仅5分钟，李山局长的电话就打来了。电话中，李局长首先诚恳地感谢徐老师对公安大接访的信任，初步约定下星期二在市公安局见面。星期一下午，李局长给徐海涛打了电话。李局长说："喂，您好，请问是徐海涛老师吗？""哦，是我，我是徐海涛，您是李局长吧？"徐海涛激动地说。"您耳朵可真好，我是李山。徐老师，我想问您明天下午有时间吗？可以到我这里来一趟吗？"李山很耐心地说，"我跟您详细谈谈。""好的，有时间，明天见。"徐海涛说。

星期二上午，徐老师提前来到市公安局，李局长在接待了一位上访群众后，开始接待徐老师。徐老师说："我在短信上只写了一件事，实际今天我有两个问题，不知道可不可以说？"李山说："徐老师，瞧您说的，今天我让您大老远地亲自过来已经很抱歉了，您有什么请求就尽管说吧，能解决的我一定帮您解决。"徐海涛说："好的，谢谢李局长，第一件事是我的年龄问题，我现在户口本上的出生年份错了，出生年份应该是1950年，而现在户口本上是1951年。虽然我已退休了好几年，更改年龄对我已没有任何实际意义，但是我还是想还原一个事实。第二个问题就是短信中所说的书的问题。我是一个老师，十分喜爱书，特别是一些珍贵的有收藏价值的书，但是现在这些书没有了，而且好几本都已经绝版，买不到了。”说完拿出了当时市公安局签发的搜查记录，时间虽然过去这么多年，但是徐老师仍然将这张搜查记录保存得十分完好。李局长接过这张搜查记录，仔细看过之后，认真地对徐老师说：“对于提出的第一个问题，您能否提供相关的依据？如果不能提供依据，我们也找不到当时的原始依据，这个问题就不好处理。”徐老师说：“这么多年过去了，我是什么证据也没有了。我老家村里的几个老同学知道。”李局长笑着说：“人证在这里不好用，徐老师，那我们尽力给您寻找当时的证据。”李局长说完就安排陪同接待、负责户口工作的民警小孟查找当时的证据。关于书的问题，李局长客观地说：“这么多年过去了，要想找回来确实不容易，但是公安机关做的事，公安机关必须负责，当时那件事对您的影响肯定非常大，我代表公安局向您道歉，书找不回来的话，我们会给予您赔偿的，这个问题我在半个月内给您答复。”与李局长谈论了 20 分钟后，徐老师见李局长门外有许多人在排队。徐老师问李局长：“李局长，怎么有这么多人在排队？”李局长说：“他们都是来找我进行信访的，今天是周二，我每周二都会接待群众，倾听群众的意见，争取帮他们解决问题。所以，这次大信访活动不仅局限于写信和打电话，还可以直接上门来找我。”徐海涛见李局长这么忙，就没好意思多打扰，谢过李局长后就回家了。

一个星期过后的某天上午，徐老师接到了公安局民警小孟的电话，小孟说：“徐老师，告诉您一个好消息，经过多方努力，我们终于找到了当时您户口迁出的存根，出生年份确实搞错了，我们马上改正，给您添麻烦了。”徐老师听到这个消息后非常激动。当天下午，更改后的户口本就送到了徐老师的手上。又过了一个星期，徐老师与李局长约定好的半个月答复时间到了。徐老师又一次接到市公安局办公室电话，告诉他李局长明天上午要上门回访。

第二天上午，李局长来到徐老师家中。徐老师见李局长只带了一个水果篮，当时就觉得果然和自己想的一样，李局长是登门道歉来了。不过，局长亲自上门道歉，在徐老师看来，已经是很难得的了，所以他在心里还是十分感激李局长。李局长坐下后，先是问了徐老师的家庭情况和最近的身体状况，随后，李局长从上衣口袋里掏出一个信封，将信封递给了徐老师。李局长满怀歉意地说："徐老师，实在对不起，书找不到了，这是一点赔偿金，希望您能原谅我们当年的过错。"徐老师捧着装有赔偿金的信封，内心无比激动，一个劲儿地向李局长说"谢谢"。离开时，徐老师拉着李局长的手说："李局长，我有一个不情之请。"李局长说："好啊，您说吧！""我想请市局给我买一本《信访条例》，然后请您在上面签个字，我要永远收藏。"李局长爽快地答应了。第二天，李局长签名的《信访条例》就送到了徐老师的手上。后来，徐老师把赔偿金全部用来买适合高中生看的书籍，将这些书籍一并捐给了向阳中学图书馆。徐老师也和往常一样，每天高高兴兴地出现在校园里。

本案例中，公安局局长李山利用专门的时间接待信访群众，退休教师徐海涛的信访请求事项因此得到了圆满的解决。我国《信访条例》第十条规定，设区的市级、县级人民政府及其工作部门，乡、镇人民政府应当建立行政机关负责人信访接待日制度，由行政机关负责人协调处理信访事项。信访人可以在公布的接待日和接待地点向有关行政机关负责人当面反映信访事项。县级以上人民政府及其工作部门负责人或者其指定的人员，可以就信访人反映突出的问题到信访人居住地与信访人面谈沟通。

所谓行政机关负责人信访接待日制度，是指行政机关提前公布其负责人协调处理信访人当面反映信访事项的日期，以方便信访人反映信访事项的制度。全国设区的市级、县级人民政府及其工作部门，乡、镇人民政府应当建立行政机关负责人信访接待日制度。需要注意的是，由于大多数信访事项要由当地基层人民政府及其工作部门来处理，所以本条例没有规定省级以上人民政府及其工作部门建立行政机关负责人信访接待日制度的义务，可由上述机关按照方便信访群众的原则，根据信访事项的具体情况来决定。条例对于接待日的周期时限没有明确规定，各地可以根据各自的工作实际制定具体的规定。信访接待日制度的设立和实施，将有助于更多有信访需求的群众的问题得到解决，从而提高行政机关的运行效力，促进社会和谐与稳定。

26. 去日苦多路漫漫　人生何不向前看

陈如、陈亮是某村的村民，他们二人在初中毕业后就没有继续念书了，而是选择在家务农。在没有见到合法征地手续的情况下，陈如、陈亮及其同村人的耕地被当作村留地高价拍卖给他人，另一块基本农田则被以修建县城客运中心的名义强行霸占。

那天，陈亮正在田里劳作，妹妹陈如刚从家走到田间，手里提着吃的。每天早上不到 6 点，陈亮就去地里干活儿了，陈如起不了这么早，加上力气没有陈亮大，陈亮就让她稍晚一会儿再去田间劳作。因为哥哥早上出门早，走得也急，她就为哥哥准备好早饭，等他闲下来的时候吃。这天刚到田间的陈如发现哥哥身边聚集了好多村民，还有几个穿着制服的人。

走近一看，陈如发现那些身穿制服的人是县里负责管理土地的政府官员，他们用手指着陈亮还有其他农民说："从明天开始，你们就不要种地了。"陈亮对穿着制服的人说："为什么？这是我家的地，为什么不让我种了？"没等穿制服的人说话，旁边几个村委会的工作人员就说："亮子，你种的这片地是村留地，它的所有权归村里，现在村委会决定把这块地拍卖，得到的钱用来搞村里的基础建设。""什么？即使是村留地，也应该通知我们吧？你们只提前一天告诉我，我都没有心理准备，离开这里，我们还能做什么？什么给村里搞基础建设，你们这分明是侵犯我们的权利！"陈亮大声地吼道。站在旁边的村民也都很生气，七嘴八舌地叫嚷起来。陈亮说："后面的那半亩地能不能留下？那可是基本农田啊，你们拍卖村留地我没什么好说的，基本农田总得给我们种吧？没有那半亩地，我们农民靠什么吃饭？"村委会的人笑着说："还真不好意思，那半亩地也被占用了，不过是三年之后才会发生的事了。"村委会的人用手从左边指向右边："瞧见没，从这里到那里，以后就是咱们县的客运中心，到时候你们就可以坐直达车去市里了。市里什么都有，没有地就不种了呗，城里面的发展机会可多着呢！"说完，他们就大摇大摆地走了。陈亮听完是又气又恨，陈如给她带的早饭也没吃几口。陈亮觉得这件事他不能善罢甘休。第二天，他和往常一样到地里干活，但是令他没想到的是，他 6 点钟到地里的时候，挖掘机就已经开始在工作了，他种的菜全都不见了。陈亮跑到一个穿着制服的工作人员那里叫道："你们把我的菜弄到哪里了？""铲了。"那人很随意地说，连头也没抬："你放心，到时候会给你补偿金的。"

两天之后，县城城东街道办事处的礼堂进行了一场非法土地拍卖大会，西村人王兵以每亩每年租金 5 万元的价格将土地承租，租期为 10 年。拍卖会当天，陈如和陈亮也到了城东街道办事处的礼堂，看到很多人都来参加对他们的土地拍卖的竞标，陈亮冲上前去阻止，并对大家说土地是他合法承包的，他不出卖自己的土地，但最后拍卖师急急忙忙地敲响了拍卖槌，声称以 5 万元的价格将他的地拍卖给了王兵。

陈亮没有办法，只得在家里等着，他有了去市里打工的念头。但是妹妹陈如说："哥，我觉得这件事明显是他们做得不对，什么文件都没有，就强行把咱们的地要走了，哪儿有这么干事情的啊！我听北村的张大娘说可以通过信访解决问题。""信访是什么？"陈亮不解地问。"信访具体是什么我也不太清楚，不过张大娘说了，信访就是先去找县领导，县领导不成就去找市里的领导，市里的领导不行就去找省里的领导，省里的领导不行的话……"陈如也不太清楚该怎么办了。陈亮紧接着补充道："该不会是去北京吧？大领导可都在那边呢。"陈如好像想起了什么，说："对，最后实在不行了就去北京。现在咱们想那么多也没有用，说不定县里的领导就帮咱们解决问题了。"陈亮说："你想得也太美了，你没看见那天穿着制服的人吗？他们就是县政府派过来的。"陈如说："这样啊……总之我觉得咱们应该试一试。"陈亮答应了陈如，但是心里还是对上访有一些排斥。村委会的人迟迟没有给他们补偿金，陈亮实在是气不过，一个人找到了村委会的人，想要讨个说法。谁知他们不仅没有给说法，还对陈亮百般侮辱，陈亮的精神受到了极大的刺激。陈亮从村委会往家里走时，只顾低头走路，没有看到前方驶来的车辆，一下子被撞到了沟里，两条腿落下了残疾。由于陈亮本身有一定的过错，因此司机只赔偿了很少的费用，陈亮从此整天卧床不起，上访的担子落在了妹妹陈如一个人的身上。

村委会手里没有任何征地手续，陈如下定决心要去县里找领导，向领导反映情况。她希望跟村里的其他人一起去，不过其他同样被征地的都是一些岁数较大的农民，他们不愿意花时间去上访，觉得这件事不会有结果。所以，只有陈如一人踏上了信访的道路。

通过拍卖会将土地高价“承租”，在“承租”的土地上修建房屋或者种植农作物本应理所当然，然而随着陈如的控告，王兵所“承租”的土地并没有急于修建房屋，而是搁置近三年。原来，陈如未能阻止自己和家人的土地被非法拍卖后，便向市信访局和国土资源局提出控告，没有得到任何答复的陈如一气之下便赶赴北京，并向国家信访局提出控告。

当地村民都说陈如的上访行为是王兵未敢动自己通过拍卖高价“承租”的土地的最主要原因。陈如的耕地被人强行填上渣土，最后强行在陈如等人的耕地上修建房屋，与陈如同村的失地农民曾上前阻止，最后非但没阻止成功反被施工的人殴打致伤。

陈如来到县城后，跟县里面的领导说：“村干部从自家耕地被强行霸占到后来修建汽车客运中心的三年中，多次找自己要求接受征地补偿款。从 2008 年一半土地被霸占到 2011 年全部土地被霸占，村干部曾多次找我们协商，声称要我们接受 2 万元一亩的征地补偿，村委会还声称我们承包的土地已经被村委会收回改变了性质，现在属于村留地，并声称土地是国家的，村集体需要可以随时收回，最后还威胁我们如果不接受就会吃亏，并暗示如果不服将会遭到报复。”县领导说让她等回复，但是过了一个月，陈如还是没有等到领导的回复。

因为还剩半亩地没有被收走，陈如就接着种地。转眼间就到了土地要被收走的日子，村委会这次的态度变了不少，主动提出给陈如补偿，但是陈如觉得给 5 万元太少就没有签字，未接受所谓的征地补偿款。2011 年年底，陈如、陈亮家的所有耕地全部被强行霸占，村委会在未经陈如、陈亮等人的同意下还私自为其开设账户，将二人的征地补偿款存在账户里。

陈如为此又跑到了市国土资源局反映，但国土资源局监察部门表示已经责令施工者停止施工。而陈如对市国土资源局的领导说，当时施工者并没有停止而是加大力度施工，甚至在开工当天曾有当地街道办领导等100余人来参加开工庆典。

村子及周边村庄失地的农民表示在没有征地公告，没见到征地手续的情况下，近150亩耕地（其中包括基本农田）被以修建汽车客运中心的名义征用，汽车客运中心开工当天有几百名当地公职人员和社会人士到现场去参加开业庆典。有失地农民到现场阻止施工，但未能阻止成功。因为客运站的修建占用了基本农田，有一失地农民曾为此将征地施工单位告上法庭，最后以败诉告终。

通过上告，陈如了解到，征用陈家土地的施工单位仅有后补的建设用地批准书和向省土地管理部门的建设用地呈报材料，汽车客运中心征地并没有省土地主管部门的建设用地批复，仅有两份发改委文件声称同意修建汽车客运中心，其他征地手续未见踪影。

陈如又马不停蹄地来到了省国土资源厅控告，并要求查看征地手续，但是省国土部门始终不给她看，同时声称征地有合法手续，还告诉她要告就去北京告。无奈之下，陈如到省国土资源厅调取了自己的材料，最后发现霸占陈家土地的单位仅有呈报材料和省下发的建设用地审批意见书，其他手续都没有。甚至在一份呈报材料上，陈如还发现根本就没有省国土主管部门的公章。

最终，陈如来到了北京。来到北京后，陈如在饭店打工期间，结识了前来吃饭的某律师事务所的关律师。关律师告诉陈如，村里私自收回陈如、陈亮的土地属于违法行为。我国《土地管理法》规定，在土地承包经营期限内，对个别承包经营者之间承包的土地进行适当调整的，必须经村民会议三分之二以上成员或者三分之二以上村民代表的同意，并报乡（镇）人民政府和县级人民政府农业行政主管部门批准。

关律师认为，当地县政府对失地农民的补偿仅为5万元左右，相对低下。征收耕地的补偿费用包括土地补偿费、安置补助费以及地上附着物和青苗的补偿费。征收耕地的土地补偿费，为该耕地被征收前3年平均年产值的6倍至10倍。

2004年，国土资源部印发了《关于完善征地补偿安置制度的指导意见》，对征地补偿标准进行了统一调整，土地补偿费和安置补助费合计按30倍计算，占用基本农田的，征地补偿按当地人民政府公布的最高补偿标准执行。

陈如对关律师说："我们县城作为全国百强县市，征地补偿款价格仅为5万余元1亩，这5万元是征地补偿款？还是征地安置补助费？目前我们的土地没有了，我们又无一技之长，今后真的不知道该如何生存。"说完，陈如一个劲儿地叹气。

陈如在北京除了咨询律师，还去了不少大学，她旁听了几节法律课，下课后，她主动上前询问老师。不少老师就陈如的合法耕地在未经许可的情况下被强行征用，未见合法征地手续一事说道："市在征地过程中涉及基本农田的应该按照土地管理法中的规定上报国务院，待有合法征地手续后方可实施征地，《土地管理法》规定征收基本农田的应由其上报国务院审批后方可实施征地。"

陈如作为一个本应在家里照顾家人和孩子的女人，却因土地被强行征用，从2008年起沦为一名多次赴京上访的访民。第一次来到北京，陈如人生地不熟，到国家信访局一看，排队的人跟村里赶集的一样多，她也不知道该去什么地方好，就回了老家。在她第二次到北京上访的时候，特意选择了全国两会期间。为了方便信访，她选择住在前门附近，觉得这样可以更方便一些。但是，陈如的行踪早已被当地的公安机关掌握，第二天，她就被当地驻京办事处人员当作访民押送回老家。

陈如觉得自己从北京被押送回县城是因为这种做法很有用，于是又过了一年，她再次选择在全国两会期间来到北京上访。这天上午10点，她到达了北京火车站。第三次来北京的陈如没有再像前两次一样，到处问路人怎么去天安门。她熟练地从包里取出公交卡，直接坐上了去天安门方向的公交车。背着行李的陈如走在车水马龙的北京，心里很是苦恼，她也开始怀疑自己坚持信访的行为能不能解决问题。与其这样瞎耽误时间，还不如踏踏实实地找一份工作。陈如在大街上边走边想，还没有走到天安门，陈如面前就出现了两名警察。他们问陈如是干什么的，陈如说自己是来北京打工的。两名警察的警惕性很高，让陈如在机器上按指纹，结果机器给出的结果是“信访人员”，原来陈如在上次从北京被带回老家的时候，当地的公安机关就录入了她的指纹，她的指纹通过互联网传到了北京警察的手中。这次还没有来得及去国家信访局的陈如在到达北京的第二天，就又被驻京办人员截获。

陈如回到家后，对躺在床上的陈亮说：“哥，这次 6 个去上访的人、2 个去北京做生意的人和我一共 9 个人被送回县城，我是真的有些累了。”陈亮说：“你别上访了，踏实找个工作干吧，这件事是没有结果的。”陈如想了想说：“我已经有决定了，你放心吧。”

一个星期之后，陈如踏上了去往北京的列车，这是她第四次去北京了，不过她不想只待两三天就回来，她决定要当一个“北漂”，在北京找一份工作。关律师出于对陈如的照顾，让她到自己的律所担任保洁员，陈如很高兴地同意了。在工作之余，陈如开始自学法律知识，她希望有朝一日自己能够通过国家司法考试，真正用法律维护自己和他人的权益。

27. 诉声怨声洗耳听　小事难事全心办

胡晓芳是市公安局控告申诉科的一名普通民警，两年前，市里的一项信访统计数据让她在35岁时获得了一个全市“第一”的称号：全市信访岗位工作时间最长的人。

13年前，胡晓芳刚从省公安学院毕业，她的同学都参加了北京、天津等大城市的公务员考试，但是胡晓芳一心想回到自己的家乡当一名普通民警。她的舍友王一对她说：“晓芳，咱们好不容易到了省城上大学，应该多出去见见世面啊！你看隔壁寝室的蔡芳，她就考到了天津市公安局，太厉害了，那边的环境和待遇都要比咱们这里高出一大截呢！晓芳，我觉得你要是去考，肯定能考上。蔡芳也就是年级前30名的水平，你大学四年每次排名都在前三，而且你还通过了司法考试，肯定很有优势的。”胡晓芳笑着对王一说：“是呀，我之前也想过考到那些大城市去做公务员，但是后来想到既然我上的是公安学院，就应该坚持当警察的信念。我觉得不论在哪里，只要做得好，自己够努力，就一定会取得大家的认可和优秀的成绩的。”王一很佩服胡晓芳的勇气，但是出于对未来的迷茫，她还是选择了考研。胡晓芳如期出现在了自己家乡公务员考试的考场，她的意向是市公安局。笔试结果出来后，胡晓芳以第一名的成绩顺利进入面试。面试时，考官问胡晓芳：“你最希望进入哪个科室？”胡晓芳说：“哪个科室我都愿意，服从组织的安排。不过要说最喜欢的，我还是想进入控告申诉科。”“控告申诉科？”考官皱了一下眉头，不解地问道，“为什么是控告申诉科？你从公安学院毕业，应该知道控告申诉科的工作很累吧？每天从早到晚都在嘈杂的环境下工作，有时候甚至还要忍受上访群众的谩骂。”“嗯，我知道，但是正因为这样，我才希望能够到控告申诉科。”胡晓芳肯定地答道。考官说：“其他来参加公务员考试的考生都是想进办公室，你还真的挺奇怪的。好了，今天的面试就到这里，你回去等消息吧。”

没过几天，她就接到了录取短信。但是，胡晓芳并没有如愿以偿地进到控告申诉科，而是被分配到县里的基层派出所。胡晓芳没有任何怨言，她在基层派出所工作时，勤勤恳恳，有什么脏活累活都抢着干。别的民警出现场，她也主动请缨。两年后，胡晓芳被调到刚成立的市公安局信访办公室。那天去报到时，胡晓芳惊奇地发现办公室的李科长竟然是两年前面试她的考官。李科长对她说："当时其实是我跟领导反映，让你去基层派出所锻炼几年的。现在听说你已经很有长进，就把你调到这边来了。要知道，信访工作可不是那么容易做的，让你在基层派出所锻炼，你才能看到老百姓生活当中的真正问题。如果天天在办公室，光看群众递交的信件，根本做不好这个工作。"胡晓芳对李科长的话表示赞同。当时，胡晓芳刚生完孩子不到半年，科里人手少，就她和李科长两个人，然而人少事多，刚组建的信访办公室工作千头万绪，信件和案卷堆积如山，胡晓芳每天都是单位里来得最早的，不到 7 点半就到办公室开始准备一天的工作，晚上下班后还要再加两个小时的班，回到家后就快 9 点了。她每天出门时，孩子还没睡醒，回到家后，孩子已经进入梦乡。本来想着周末休息的时间可以好好陪陪孩子，但是胡晓芳除了在工作时间接待来访群众，周末休息时间，李科长带着她到各个派出所，帮助指导建立规范的信访接待室。胡晓芳的丈夫孙国庆也是警察，在刑警大队工作，案件多、出差多，有时甚至一出差就是一个月，在家的时间特别少。每到周末下乡的时候，胡晓芳一大早就把还没有断奶的小孩放到娘家，晚上回来时，小孩饿得哇哇大哭。单位没有工作用车，很多时候是搭便车、乘班车，晕车的她常常吐得一塌糊涂。就这样坚持了两个多月，全局 20 多个派出所，每个派出所她至少去了 4 次，信访接待室建立起来了，经上级验收全部合格。

有人给信访工作总结了一副对联，"哭声、骂声、埋怨声，声声入耳；烦事、难事、不平事，事事关心"。到过信访窗口的人都有切身体会，刚开始，胡晓芳也特别不适应，来访的群众，有苦要诉，有怨要讲，有思想疙瘩要解，有些通过讲政策、讲法律、做工作，问题得到及时化解，但遇到难办的信访件，说尽了好话，有时还遭到涉事单位的冷遇，碰到偏执激动的来访者，甚至还会挨骂。一天下来，累得口干舌燥，头昏脑涨，回到家吃不好，睡不安……

但是时间长了，胡晓芳逐渐习惯了，还摸索出一套接访方法。有群众来访时，她总会道上一声亲切的问候，端上一杯暖心的热茶，送上一张舒适的座椅，让群众有回家的感觉。细心倾听，耐心疏导，认真督办，使一个个来访人员怨气而来，顺心而去，使一起起矛盾纠纷得以化解。即使一时解决不了的问题，一腔热情，一张笑脸，一片诚心，也能使来访者心灵得到安慰。胡晓芳对李科长说："科长，我发现来信访的老百姓，其实并不指望我们能够帮他们解决问题，因为大部分案件都是太久之前的事情了，有好些没办法核实，他们只是想找个人倾诉。信访的事件如果能够被顺利解决，对他们来说应该是一种惊喜吧。"李科长说："是啊，所以咱们干这行的态度一定要好，百姓过来的时候都是带着脾气来的，如果咱们对他们不耐烦，他们肯定会更加生气。如果咱们顺着他们的脾气来，为他们理性地分析其中的问题，态度又好一些，他们也会满意的。"胡晓芳说："我现在越发觉得自己干的这行是技术活儿了，都快赶上心理医生了。"李科长哈哈大笑："没错！"

县城的居民刘天到现在还一直特别感谢胡晓芳和信访科的同志们。刘天的妻子和儿子被人拐骗到广西某村，信访民警与当地派出所民警一起将他的家人解救回家，但人贩子周氏姐弟却一直在逃。在一次专项行动中，胡晓芳整理了历年来群众反映拐卖和被骗情况的档案，将群众反映周氏姐弟的线索向刑侦部门反映，办案单位通过调查，将人贩子周氏姐弟抓获。刘天一家得知这一情况后非常高兴，专门送来锦旗表示感谢。刘天紧紧握住胡晓芳的手说："胡警官，多亏有你，我的老婆和孩子才能得救，你简直就是我孩子的再生父母！"胡晓芳说："您言重了，这是我应该做的，能够找回你的妻子和孩子，我打从心底里高兴，而且这次打掉的这个拐卖人口的犯罪团伙，是我们市公安局多年来的追踪对象，将他们法办，也会有好多走失的孩子重新回到父母身边的。"刘天非要把一篮子水果和两箱牛奶送给胡晓芳，胡晓芳说："帮您找回孩子是我的本职工作，这些东西我不能要。"刘天说不过胡晓芳，最后把锦旗留给了胡晓芳。胡晓芳看着挂在墙上的锦旗，心里对工作的热情更加高涨了。

县城地质队的贺梅找到信访科，反映其儿子在市里被人砍伤，伤情没好，现在家中生活困难，想要对方赔偿。胡晓芳接待后，与办案单位进行联系沟通，落实督办，同时向贺梅讲解有关的法律政策。不知不觉三个多小时过去了，下班的时间早已过了，但是贺梅一直没有走的意思，而且情绪非常低落。细心的胡晓芳看出了这一点，她仔细询问后，才知道贺梅身无分文，无法坐车回家。胡晓芳二话没说，从钱包中掏出50元钱给她。天色已晚，胡晓芳就又把贺梅送到南门交警岗亭，特意交代交警帮其拦车回家。贺梅在走的时候，一直说："你们真是好人，好人！"第二天一大早，贺梅来到了胡晓芳的办公室，还给了她50元钱。贺梅说："咱们人穷志不穷，拿了别人的钱就得还，胡警官，您忙着，我先走了。"胡晓芳没想到贺梅能大老远地专门跑来给她还钱，这让她很是感动。

来访的群众中，弱势群体较多，遇到贫困的人，她总是力所能及地施以援手，有时给来访人管顿饭，给10元、20元的车费。碰到怎么解释也不走的，胡晓芳就安排好儿子后，从食堂买来饭菜在接访室陪着他们吃，并趁机做工作。有时下班回家刚开始做饭，来访群众找到家里来，她把手上的事一放，领着群众回到单位接待。在接访中，碰到残疾人，她总尽力扶一把。遇到老年人，特别是耳背的，她不怕累，尽量靠近老人们的耳边大声讲。她经常说："要把来访群众当成自家人。"渐渐地，胡晓芳成了市里众所周知的好警察。

在接待来访中，有一些群众反映的问题不能很快解决，或者不合理的诉求难以答复，有时不能理智对待。一年前的一个下午，在接待一起轻伤案件引起的上访件时，胡晓芳耐心解释，及时与辖区派出所联系，督办案件进度。上访人的一个亲戚，因喝酒后情绪激动，一到信访科就不明就里地指责呵斥胡晓芳，说她办事不力，有官僚作风。面对这种情况，她什么也没说，因为她知道自己代表的是公安机关，不能因一时之气就与他争辩。那人冷静之后也觉得很对不起胡警官，主动向胡晓芳道了歉。事后，胡晓芳仍然非常负责地协调解决这起信访件。这样的委屈，不知有过多少次，但是胡晓芳已经习以为常了。十多年的信访接待工作使胡晓芳深深感到，只要设身处地为来信来访群众着想，带着感情做信访工作，尽管有这样或那样的曲折和困难，但是最终都能赢得群众的理解和信任。

熟悉胡晓芳的人都说她变了，刚从警校毕业回来时，她羞于言辞，现在做群众工作时却能一讲就讲几个小时。既讲法律政策，又谈心理知识，还聊人情世故，俨然成了“多面手”。但是胡晓芳自己心里清楚，这些都是被“逼”出来的。平时她总是挤时间，找时间，向老同志学习，向书本学，向来访者学，不断提高自己做群众工作的能力。在胡晓芳的心里，她最不愿意面对的，就是因为自己的业务不熟，而导致来访者越级上访或激发矛盾，这不仅给领导添麻烦，也是对来信来访者的不负责任。

在信访岗位上，她得过一次大病。五年前，她在工作中突然晕倒，检查后发现她有严重的贫血并且血小板严重不足。医生说她摔一跤就可能会没命，但她在做完骨穿刺检查后，病情稍微稳定就又回到了工作岗位。科里的同志让她休息，她说：“在家闲不住，不来上班心里闷得慌。”说完，她又低下头开始整理桌子上的材料。她的敬业精神和朴素为民的情怀激励着身边很多人。

500 多卷规范的信访档案和 10 余本装订整齐的接访登记，见证了胡晓芳和同事们工作的辛苦和汗水。在十多年信访人生中，她排查信访不稳定因素百余件，接待群众来访更是数不胜数，她粗略统计了一下，大概有 3000 人左右。胡晓芳参与调查信访案件 300 余起，化解矛盾多达千起；接受群众咨询和求助千余人次，为群众办好事 200 余件。她曾先后被省公安厅评为重点信访专项治理先进个人，被市政府评为集中处理涉法上访问题先进个人，被市公安局评为“十佳民警”和“群众工作能手”。

“我们多一些苦和累，群众就少一些忧和愁。只要群众来访，我们就应尽全力帮助。”这是胡晓芳的工作信念，也是所有奋斗在信访第一线的工作人员的真实内心写照。

胡晓芳的所作所为充分体现了信访工作的方便信访人原则，《信访条例》第三条对此作了规定。方便信访人的原则，就是各级行政机关要为信访人提出信访事项，了解信访事项的受理、办理信息等方面提供各种便利条件，促进信访人反映的情况、意见、建议和投诉请求得到迅速反馈和处理的制度精神。为信访人提供各种便利条件，是“立党为公、执政为民”的要求在信访工作中的具体体现，是信访工作必须遵守的一个重要原则。宪法规定，一切国家机关和国家工作人员必须依靠人民的支持，经常保持同人民的密切联系，倾听人民的意见和建议，接受人民的监督，努力为人民服务。

方便信访人的原则主要体现在畅通信访渠道上。信访渠道的畅通是方便信访人的前提和保障。衡量标准主要有四条：一是群众正当的信访权利是否能够得到保障；二是民意、民情、民智能否顺畅上达领导机关；三是群众的正当要求能否得到满足，应该解决而又能够解决的实际困难和问题能否得到解决；四是信访活动是否依法有序进行。

《信访条例》专设一章规定了畅通信访渠道的内容，按照本条中提出的为信访人提供便利的原则作了相应的规定：一是提出信访事项的形式更加灵活，增加了可以采用电子邮件、传真等现代通信手段提出信访事项的规定；二是明确各级行政机关公开信访渠道的义务，包括公布信访工作机构的通信地址、电子信箱、投诉电话、信访接待的时间和地点等相关事项；三是规定了为信访人在当地提出信访事项、查询信访事项办理情况提供便利的内容；四是要求市、县、乡人民政府等建立行政机关负责人信访接待日制度，以及县级以上有关行政机关负责人或者其指定的人员对反映的突出问题主动到信访人居住地与信访人面谈沟通的下访制度。正是因为在信访工作中有胡晓芳和千千万万名负责任的民警，《信访条例》的实施才能得到保障，老百姓通过信访维权的途径才能畅通。

28. 无辜店主终获赔　国家机关可追偿

李浩以前在餐饮行业打过很长一段时间的工，那段时间的接触让他对经营餐馆有了一定程度的了解。在一次过年回家乡苏州探亲时，萌发了回家乡开一家餐馆的念头。随着时间的推移，这个念头不减反增，于是他忍不住找妻子商量，没想到妻子很支持他这个想法。很快，两人就辞掉当时的工作回到了家乡，开始了他的创业之路。

回忆起刚回到家乡时，为了让生意做得更大更好，他们多次考察苏州市的餐饮市场，准备抢占先机将其攻占。苏州市人口较多，餐饮市场还是比较大的，在多次的考察后，夫妻俩终于决定来苏州发展。

开一家小餐馆，每天和吃打交道，很多人都有这样的心愿。表面上看起来，开餐馆就是找个店面支起炉灶，把菜炒了端给客人。实际上，即使开一家很小的餐馆，都有很多环节、很多琐碎的事情。有时候，一些环节是否做到位，直接影响着这个餐馆的成败。

首先是选店面。有两种地方是最好的选择：一是公司写字楼比较多的地方，二是居民居住密集的地方。选择在公司写字楼比较多的地方，可以保证中午的生意。苏州的一些餐馆经常出现中午空位太多、晚上却不够坐的情况。很多餐馆很在意中午生意能不能做好，这样可以保证一天的良性运行。在苏州城西商住区，大的酒店往往都开不好，做得好的都是一些特色小餐饮店。而选择店面的渠道有很多种，可以通过媒体广告、门店前的转手广告，也可以直接找新开发的房子和房东谈。还有一种方式是选择好大致地段后，直接找上门和店面业主联系，而李浩就是通过这种方式来找店面的。这种方式虽然比较累，但是效果比较好。同时，可以利用店多隆市的效应 。不要以为店多的地方就不宜进入，一条街上如果特色小饭店多了，会造成店多隆市的效应，生意反而比单枪匹马更容易做。关键是在这么多的店之间，要和别的店做出差异来。经过一段时间的奔波洽谈，李浩终于找到了一家满意的店面。

在确定了店面和定位后，就可以进行装修了。顾客的消费需求在上升，店面环境在餐馆中的地位已经越来越高，一个好的环境，有时候可以成为开店成功的关键因素。三四年前，苏州一些大型餐馆以豪华的环境，一举取胜。从去年年底开始，苏州许多有特色的中小型餐馆也开始在环境上大做文章。店面环境如何，并不等于投入越多就越好，更多地在于设计。李浩曾经工作过的餐馆就是花了不多的钱设计出一堵泥巴墙，来体现自己的土家菜定位，反倒吸引了众多顾客。今年以来，苏州出现了一些高档精致装修的小餐馆，生意做得不错，很大程度上是环境胜人一筹。装修是一个很复杂的过程，餐馆的装修和一般的家庭装修不一样，还会涉及环保、消防等专业问题，装修的过程中要请到专业人士，最好在装修开始前就能找到厨师长或有餐馆管理经验的人一起来负责，他们能提供很多建议。李浩找到自己从事设计工作的同学帮忙，再加上自己的经验，相信肯定会装修出有特色的店面。

除此之外，原料采购得好不好，价格是否便宜，对一个餐馆的运营非常关键。苏州的各种风味特色饭店其实很多，怎么样做得地道？大家都开始在原料上进行竞争，不仅看谁的做法正宗，更关键的是看原料是否正宗。做得好的店，大部分原料直接从原产地进货，这在一些专做江苏各地风味的餐馆内尤其多见，不仅因为交通方便，而且这样的采购成本比在苏州采购还便宜。原料采购具备专业知识非常重要，大多数餐馆老板一开始不懂原料好坏，带个厨师做助手就很有必要。特别是海鲜的采购，经验是否丰富就非常重要。得益于打工的经历，李浩积累了很多经验，不需要担忧原料的采购。比如，同样的基围虾，不同的人去买，每公斤价格可能相差数十元。在行的人能看出来这些基围虾买回去还能养几天。很多餐馆的采购老手采购海鲜时，会购买一小部分接近生命尾声的海鲜，因为这样的海鲜价格比正常的价格低三分之二甚至更多。买回去后作为促销品，用很便宜的价格卖给顾客，结果往往是皆大欢喜，这也算是一个经营诀窍。

有了前期的选店、装修和原料采购的充分准备，终于餐馆在市中心的繁华街道开张了，为了赚钱养家，李浩夫妻每天早出晚归，对餐馆的经营丝毫不敢松懈，生意在夫妻俩的用心经营下也日渐红火，80 多平方米的店面一年的营业额达到30多万元，生意很不错。李浩夫妻俩一直希望把自己的餐馆扩大规模，年营业额高达30多万元让他们对苏州市的餐饮市场发展前景更加乐观，这一次他们把眼光放在了市中心的购物中心。第二年年初，在市中心的几个购物中心进行了一番考察后，他们相中了一家位置较好、人流量较多的门面，100多平方米的店面一年的租金就要40多万元。尽管当时家中只有几万元的存款，他们还要照顾年迈的父母，但是为了改善家里的经济状况，给孩子提供更好的成长和教育环境，李浩夫妻俩最终决定租下门面，在苏州市经营他们的第二家餐馆。在资金有限的情况下，他们承受的巨大压力是可想而知的。为了支持他们的创业之路，李浩夫妇的父母拿出了各自的养老金和平时省吃俭用的存款给他们做生意，兄弟姐妹们也凑了钱，朋友那里也是能借多少就借多少。多亏了亲人朋友的支持，李浩夫妻俩凑够了钱，有了租店面的资本。新店面的合同一口气签了五年，借鉴第一家店的成功经验，李浩对于店面的装修更是精益求精，为了让这个100多平方米的新店面发挥最大功效，他将店面装修得非常漂亮，新店面的精装修、店面房租等林林总总加起来用了60多万元，也正是因为精良的店面设计吸引了来往的很多人，人流量很大，离他们最初订下的目标越来越近。

一个小店能经营成这样，靠的是精打细算。每天坚守在这个小餐馆，采购员、收银员、餐厅经理都是自己扛着的。有很多琐碎的事情，如厨房里的菜肴原料有没有被浪费，自己都得盯着点。服务过程中，客人的要求各种各样，服务员如果经验不足，引起顾客的不愉快，下一次的生意就不一定有了，自己出面来办，让利打折立马决定，顾客觉得老板爽快，下次肯定还会想着再来。客人吃完后，什么菜剩下最多，都得自己亲历观察，以便及时作出调整。

而经过一段时间的观察，李浩发现顾客对菜品种类的需求比较多，于是他在采购原料时丰富了种类，同时研发了一些新菜品，抓住当今养生的热潮，新菜品都既营养又美味，很受食客的追捧。食客中的好口碑为他们后来的发展打好了坚实的基础。就在生意越来越好的时候，上天似乎执意要让他的人生经历更多的磨难，他的抱负还没来得及实现，就碰上了一件麻烦事。

张显和李浩在同一条街上经营餐馆，张显的餐馆以“健康饮食、养生长寿”为主打品牌，原本是较受欢迎的。但随着李浩逐步开发新菜品，张显经营的养生餐馆的优势渐渐被削减，越来越多的顾客转向李浩的餐馆。张显看着街上的顾客纷纷进入李浩的餐馆，心里很是着急。因为李浩的餐馆生意红火，引起了张显的嫉妒。尤其在看到一些老顾客也跑到李浩的店里品尝新菜品时，张显终于受不了了，他下定决心一定要给李浩一点教训。于是，他给自己从小玩到大的几个好哥们儿一一打了电话，约他们晚上来自己的餐馆小聚，解释说自己遇到困难，希望得到大家的帮助。张显一直为人很仗义，以前他对这些发小可以说是有求必应，很少主动要求别人帮助自己。这一次，面对张显的求助，几个好哥们儿一口答应，说好晚上见面细聊。

当天晚上，张显看没有顾客上门便早早关店，亲自下厨做了餐馆的招牌菜等待发小们的到来。没过多久，张显的发小们就陆续到达餐馆，几个人着急地问张显遇到什么事了，到底需要他们帮忙做什么。张显看到发小们急切关心自己的模样，心里很是感动，他摆摆手说道：“不是什么大事，别着急。我准备了一些招牌菜，都是你们爱吃的。肯定都没吃饭呢吧，来来来，我们先吃饭。”说着，拉开椅子让他们落座。虽然张显的发小们有些摸不清状况，但了解张显的为人，大家一致听从他的安排。吃着饭菜，几个人聊着各自最近的生活，在讲到一些有意思的事情时，张显的发小们都哈哈大笑，只有张显好像没听见一样若有所思。发小们实在看不下去了，原本张显很开朗，每次聚会他都能活跃气氛，今天他的样子太不对劲了。其中一个发小闫军坐在张显身边，拍拍他的肩膀说：“我们都认识这么多年了，有什么事不能跟我们说的。只要你需要，我们肯定帮忙。”张显苦笑了一下，给每个人倒了一杯啤酒，问道：“我做的菜好吃吗？”大家都没想到张显会问这么奇怪的问题，看他不像开玩笑，便你一言我一语地认真答道：“当然好吃呀！”“你做饭的手艺可是名声在外，怎么可能不好吃？”“对呀，不仅好吃，还健康。现在可都追求食疗呢。”听着发小们的回答，张显默默地又喝了一口酒才说道："我店里的菜好吃又营养，可是现在却没什么客人光顾。""怎么回事？"闫军是急性子，忍不住问道。"还不是因为隔壁那家店，我的店主打养生，现在隔壁的店也开始研发养生菜抢我的生意。"张显向发小们大吐苦水。

这哪里还是那个每天喜气洋洋的张显了？看着愁眉不展的张显，发小们都很不是滋味，每个人都沉默着想着办法，希望给老朋友解决烦心事。"要不然我直接找几个人去旁边的店里找麻烦，让他做不成生意。"其中一个人说。"哪用那么麻烦，直接把隔壁的店砸了，看他还敢不敢抢生意。"另一个人补充道。张显摇摇头说："这些我不是没想过，可都是一时冲动的想法。如果真这么办了，都是违反法律的，最终还会给我们带来麻烦。"这时，一直没怎么发表意见的赵超突然说："不能硬来，我们可以'智取'。我在区税务局工作，主要就是负责这个商业中心各个商家的税务。想个理由罚款肯定不难，一来做生意讲究诚信，连纳税的义务都不履行的店相信客人也不会信任，二来罚款也算是一点小教训。"听了赵超的办法，大家包括张显都很满意。第二天，赵超在没有任何证据的情况下，以李浩偷漏税款为由，对李浩作出处罚，罚款 5000 元。

事后，李浩觉得很冤枉，自己明明按时缴纳税款，从未做出偷漏税的违法行为，却无缘无故受到处罚。罚款事小，受到税务机关处罚的事情在顾客间逐渐传开，这无疑损害了李浩餐馆的好名声，很多人都认为李浩为了多赚钱做了违法的事，那店里的饭菜质量估计也不会是真材实料。李浩餐馆的生意明显受到了影响。李浩觉得不能这么忍气吞声地承受根本不存在的事情。刚巧他的店里有一位忠实食客是律师，从李浩开店以来就一直支持他的生意，相信李浩的为人，绝不是只想着赚钱的老板。了解事情的经过后，他建议李浩提起赔偿请求，向税务局提起国家赔偿。《国家赔偿法》规定："行政机关及其工作人员行使行政职权侵犯公民、法人和其他组织的合法权益造成损害的，该行政机关为赔偿义务机关。"赵超系区税务局工作人员，其违法行使职权行为造成的损害，应由区税务局作为赔偿义务机关。同时，《国家赔偿法》规定，赔偿义务机关赔偿损失后，应当责令有故意或者重大过失的工作人员或者受委托的组织或者个人承担部分或者全部赔偿费用。赵超在没有任何证据的情况下，对李浩罚款 5000 元，属于故意违法行使职权，因此赔偿义务人在赔偿损失后，可以对赵超行使追偿权，要求其承担部分或者全部赔偿费用。

最后，事情终于水落石出。李浩不仅获得了相应的赔偿，生意也恢复了红火。在李浩提起赔偿请求时，张显就已经后悔了，自己的一时糊涂不仅让发小赵超受了处罚，今后恐怕自己在商业中心也没办法立足了。然而，了解真相后，李浩并没有像张显担心的那样找他的麻烦，相反，李浩将张显邀请到自己的餐馆品尝新菜品，向他请教做菜的技巧。李浩真诚地说："养生菜您绝对是行家，我还有很多要向您学习。我们今后可以互相借鉴交流，一起把生意做好。"的确，多店隆市，面对竞争想办法形成自己的特色才是真正的解决之道。

29. 依靠法律求赔偿　事半功倍获成功

赵越大学毕业后在区税务局当科员，工作一直勤勤恳恳。时光飞逝，转眼已是来到单位的第五年，赵越也到了结婚成家的年龄。赵越的父母对儿子的婚姻大事很是着急，兴冲冲地请邻居们帮忙，老邻居们都深知为人父母的不容易，纷纷热情给赵越介绍认识的合适姑娘。虽然介绍了很多，但都没有成功。赵越的父母是看在眼里，愁在心上。赵越是个孝顺的孩子，一直都很听父母的话。看着父母为自己的终身大事愁眉不展，内心也很着急，其实，赵越对另一半要求并不高，只要性格好、对父母好就行。赵越的母亲很苦恼，在和邻居李阿姨聊天时再也忍不住，说出了自己的疑问。李阿姨想了想说道："相亲这种事着急不得，要靠缘分。现在的孩子可不像咱们年轻时那样，慢慢来，不要着急。"听了李阿姨的分析，赵越的母亲宽慰了不少，心态也变得平和了。

其实，相亲失败赵越内心也很苦闷，对感情的事甚至不抱希望了，为了缓解心情就尽量专注于工作。在一次和同事张辉聊天时，忍不住说出了自己不顺利的相亲路以及父母的忧虑。张辉安慰他："别太放在心上，我们年纪差不多，我也是从你那个阶段过来的。现在还不是跟我老婆过得很幸福。总会找到自己的另一半，我看到不错的对象会给你介绍的。"的确，张辉和老婆高慧的感情很好，在单位是一段佳话。晚上回到家，张辉跟妻子讲了赵越的事情，让她留意身边的合适对象。高慧想了想说道："你别说，还真有一个合适的。""谁呀？我认识吗？""当然认识啦，就是我的同事兼好友王薇。"高慧笑着说。"对呀，我怎么没想到呢？"第二天，张辉就把这个好消息告诉了赵越。很快，高慧就安排两人见面了。就这样，赵越认识了王薇并且一见钟情。感情一稳定赵越就立刻把这个好消息告诉了父母。父母听了很高兴，连忙让赵越周六就将王薇请到家里来，顺便问问王薇有什么爱吃的菜。看着红光满面的父母，赵越连连应好。

周六一大早，赵越的母亲就跑到菜市场去买新鲜的蔬菜和水果，准备露一手招待儿子的女朋友。上午 10 点，王薇随着赵越来到家中，看到在厨房忙碌的赵越母亲就要过去帮忙。赵越的母亲赶忙说："不用不用，我自己就行了。赵越，快请王薇到客厅去吃水果，今天早上我特意去挑的。"王薇不依："哪能让您一个人做饭，我们年轻人却坐着聊天呢？”赵越的母亲看王薇很坚持，便请她帮忙洗菜切菜。赵越母亲多年做菜练就了好手艺，王薇平时也爱做菜，两人一边准备做饭一边聊着做菜心得，很是和谐。很快，丰盛的饭菜就摆上桌，四人都坐了下来。

饭桌上，赵越母亲热情地给王薇夹菜：“来，忙了这么久，快尝尝我的手艺！”王薇尝后夸奖道：“真好吃！赵越一直跟我说您做饭好吃，今天终于有机会体验一次了。”“哪里哪里，我看你的刀工才好呢。现在的小姑娘都不怎么爱自己动手做饭了。没想到你这么熟练。”“我从小就跟着妈妈学做家务，现在在幼儿园工作，为了给小朋友补充营养也在上课学习相关知识，算是熟能生巧吧。”王薇人很漂亮，性格温柔大方，赵越的父母对儿子的这个女朋友很满意，一致认为两人很般配。有了父母的认可和支持，赵越很快便与王薇步入婚姻的殿堂，开始了幸福的生活。

赵越和王薇很感谢张辉夫妇，正是他们的热心介绍才有了现在的姻缘。再加上同事、好友的身份，所以，两家关系一直很好，经常一起结伴出游，一家遇到什么事情另一家也一定会尽力帮忙。张辉家之前一直是租房，最近看房价有些回落想要趁机付首付买套属于自己的房子，但苦于没有那么多的积蓄。了解了张辉的困难，赵越和王薇商量后，立刻拿出 5 万元钱借给他。看到朋友的慷慨帮忙，张辉很是感动，承诺一定尽快还钱。

两年后，张辉攒够了 5 万元钱想要还给赵越，而当时赵越的妻子王薇正巧怀孕，因为身体不好请假在家，张辉便和妻子高慧一起去商场买了一些营养品和婴儿用品去看望王薇。两人周末晚上来到赵越家，将存有 5 万元钱的银行卡交给赵越，感谢赵越夫妻能在他们最需要的时候毫不犹豫、不求回报地给予援手。赵越不好意思地接过张辉带来的礼品说：“我们的关系这么多年了，互相帮助是应该的。再说，没有你和高慧，我和王薇也不可能认识，更不可能像现在这么幸福。”四人愉快地聊起生活中的趣事，直到很晚张辉和妻子才回家。可令他们没想到的是，这次朋友间的聚会却给赵越惹来了大麻烦。

赵越夫妻的工资虽然不算很高，但胜在工作稳定，日子过得也算有滋有味。

两人都是低调稳重的人，在工作中认真负责。没想到张辉上门还钱顺便看望王薇的事情被人举报为赵越受贿。当年 10 月 15 日，区人民检察院以赵越犯受贿罪向区人民法院提起公诉。区人民法院经审理退回检察院补充侦查，因仍未获取新的证据于 10 月 27 日作出刑事判决，宣判赵越无罪。赵越在被逮捕期间，区检察院以受贿罪让赵越交赃款。赵越分别于 7 月 2 日、8 月 24 日、9 月 10 日、9 月 20 日等 5 次交给区人民检察院现金 50000 元。提起公诉时，检察院随卷转区人民法院 14000 元，余 36000 元留在检察院里。区人民法院刑事判决书生效后，已将检察院转来的钱款退回给赵越。赵越收到 14000 元，留在区检察院的钱款 36000 元至今未退还。眼看快要过年了，虽然赵越最终被无罪释放回到家中，但他还是觉得无缘无故被冠以“受贿”的罪名被羁押了这么久很冤枉，而且被迫交出至今未还的 36000 元对于一个普通家庭来说并不是小数目，尤其春节期间需要采购年货。

《国家赔偿法》第二十一条规定：“行使侦查、检察、审判职权的机关以及看守所、监狱管理机关及其工作人员在行使职权时侵犯公民、法人和其他组织的合法权益造成损害的，该机关为赔偿义务机关……”赵越受到的损害是由区人民检察院违法行使职权时造成的，因此，区人民检察院是该案的赔偿义务机关。于是，赵越在第二年 1 月 10 日和 2 月 20 日向区检察院提出申请，要求检察院给予刑事赔偿，返还非法扣押的现金 36000 元，并要求赔偿扣押现金期间的经济损失等。

但是，赵越的求偿路并不顺利。由于不懂法律的具体规定，他只是一味向区检察院申请赔偿，并不了解区检察院不予赔偿后的相应求偿程序。其实，《国家赔偿法》第二十三条、第二十四条、第二十五条规定，赔偿义务机关应当自收到申请之日起两个月内，作出是否赔偿的决定。赔偿义务机关作出赔偿决定，应当充分听取赔偿请求人的意见，并可以与赔偿请求人就赔偿方式、赔偿项目和赔偿数额依照本法第四章的规定进行协商。赔偿义务机关决定赔偿的，应当制作赔偿决定书，并自作出决定之日起十日内送达赔偿请求人。赔偿义务机关决定不予赔偿的，应当自作出决定之日起十日内书面通知赔偿请求人，并说明不予赔偿的理由。赔偿义务机关在规定期限内未作出是否赔偿的决定，赔偿请求人可以自期限届满之日起三十日内向赔偿义务机关的上一级机关申请复议。赔偿请求人对赔偿的方式、项目、数额有异议的，或者赔偿义务机关作出不予赔偿决定的，赔偿请求人可以自赔偿义务机关作出赔偿或者不予赔偿决定之日起三十日内，向赔偿义务机关的上一级机关申请复议。赔偿义务机关是人民法院的，赔偿请求人可以依照本条规定向其上一级人民法院赔偿委员会申请作出赔偿决定。复议机关应当自收到申请之日起两个月内作出决定。赔偿请求人不服复议决定的，可以在收到复议决定之日起三十日内向复议机关所在地的同级人民法院赔偿委员会申请作出赔偿决定；复议机关逾期不作决定的，赔偿请求人可以自期限届满之日起三十日内向复议机关所在地的同级人民法院赔偿委员会申请作出赔偿决定。

在无计可施的情况下，张辉建议赵越咨询律师。而在律师的帮助下，赵越了解了相关规定，赔偿义务机关是人民检察院，受害人申请刑事赔偿的程序是，先向赔偿义务机关（区人民检察院）提出赔偿申请，再向其上一级机关提出赔偿复议申请，最后向人民法院赔偿委员会申请作出赔偿决定。因此，在刑事赔偿程序中，除赔偿义务机关为人民法院的，复议程序是人民法院赔偿委员会受理赔偿案件的前提。自 1 月 10 日赵越申请区人民检察院进行刑事赔偿以来，直到 4 月，区人民检察院对赵越的申请一没立案，二没予以答复。因而市人民检察院作为复议机关也未能进入复议程序进行复议。其间，市中级人民法院赔偿委员会曾多次与区人民检察院和市人民检察院联系、督促，让尽快了结此案，但一直没有音信。

律师告知赵越请求赔偿的正确做法是，先向赔偿义务机关（区人民检察院）提出赔偿申请，如其不予立案，可根据国家赔偿法的规定，在赔偿义务机关应当自收到申请之日起两个月期限届满之日起三十日内向其上一级机关（市人民检察院）申请复议，如其不予受理，或逾期不作决定，或不服复议决定的，可根据国家赔偿法的规定，在复议机关收到申请之日起两个月届满之日起三十日内向复议机关所在地的同级人民法院赔偿委员会申请作出赔偿决定。

律师还提到《国家赔偿法》第十七条规定，行使侦查、检察、审判职权的机关以及看守所、监狱管理机关及其工作人员在行使职权时有下列侵犯人身权情形之一的，受害人有取得赔偿的权利：（一）违反刑事诉讼法的规定对公民采取拘留措施的，或者依照刑事诉讼法规定的条件和程序对公民采取拘留措施，但是拘留时间超过刑事诉讼法规定的时限，其后决定撤销案件、不起诉或者判决宣告无罪终止追究刑事责任的；（二）对公民采取逮捕措施后，决定撤销案件、不起诉或者判决宣告无罪终止追究刑事责任的；（三）依照审判监督程序再审改判无罪，原判刑罚已经执行的；（四）刑讯逼供或者以殴打、虐待等行为或者唆使、放纵他人以殴打、虐待等行为造成公民身体伤害或者死亡的；（五）违法使用武器、警械造成公民身体伤害或者死亡的。因此，赵越提出被错误拘留、错误逮捕的刑事赔偿，肯定会得到支持。赔偿范围和金额按照国家赔偿法“侵犯公民人身自由的，每日赔偿金按照国家上年度职工日平均工资计算”的规定计算。

而对于赵越申请取保候审错误的刑事赔偿的请求，律师明确告知他国家赔偿法没有规定。被采取取保候审措施的犯罪嫌疑人，其人身自由虽然受到限制，但限制的程度远没有拘留、逮捕严重，根据《最高人民法院关于人民法院执行〈中华人民共和国国家赔偿法〉几个问题的解释》第四条“根据赔偿法第二十六条、第二十七条的规定，人民法院判处管制、有期徒刑缓刑、剥夺政治权利等刑罚的人被依法改判无罪的，国家不承担赔偿责任”的规定，赵越提出对取保候审的刑事赔偿，不会得到支持。

最后，区检察院以受贿罪让赵越交赃款因法院的无罪判决被确认显属违法，根据《国家赔偿法》第十八条“行使侦查、检察、审判职权的机关以及看守所、监狱管理机关及其工作人员在行使职权时有下列侵犯财产权情形之一的，受害人有取得赔偿的权利：（一）违法对财产采取查封、扣押、冻结、追缴等措施的；（二）依照审判监督程序再审改判无罪，原判罚金、没收财产已经执行的”的规定，赵越有权提出对扣押现金的刑事赔偿。

多亏律师的专业建议、好友张辉的默默鼓励以及赵越自己的坚持，赵越终于得到了相应的赔偿。通过这次的事情，赵越对依法维护自身的合法权益有了全新的认识，只有真正掌握法律知识才是维护自身合法权益的不二法则。他不禁对妻子王薇感慨道："律师不仅维护了我的权益帮我要回了钱款，还教会了我很多法律知识。真是帮了我一个大忙啊！"为表示对律师的由衷感谢，他特地来到律师所在的律所，送上"弘扬法律精神 维护法律权益"的锦旗表达谢意。而后又几次想上门表达谢意，都被律师婉言谢绝了。看到赵越重新回到岗位，恢复了以往的笑容，身边的人都为他感到欣慰。

国家赔偿法是指涉及国家赔偿责任的各种法律规范的总称。司法赔偿程序是在赔偿请求人和赔偿义务机关的参与下，国家对因司法机关及其工作人员在刑事、民事和行政诉讼过程中侵害公民、法人和其他组织的合法权益而依法予以赔偿的程序。赔偿请求人在维护自己合法权益的时候，不要简单地以为自己有委屈就能获得赔偿。鲁莽冲动无济于事，依靠国家赔偿法律和赔偿程序才是制胜法宝。当然，相关机关不仅要维护受害人的合法权益，还要做好普法宣传工作。

伍

突发事件应对篇

30. 疲劳驾驶出事故 协调联动巧处理

刘杰从小就喜欢汽车，年幼时喜欢摆弄各种汽车玩具，后来大一些就关注起各类汽车杂志，年少的他一直梦想将来能从事与车相关的工作。刘杰长大后也算实现了一直以来的愿望，与汽车打起了交道，成了某市一家公交公司的司机。兴趣使然，刘杰很喜欢自己的工作，转眼来公司就快五个年头了。

28岁的刘杰一直是单身，父母和身边的朋友都很为他着急，最终在朋友的介绍下，刘杰认识了一所初中的老师王怡，可能是长期与学生相处，王怡性格开朗又温柔，刘杰一下就被她感染，愉快地和她聊起天来，聊着聊着就说到了他最爱的车，刘杰滔滔不绝地说个不停，王怡便面带微笑仔细倾听。不知不觉一个小时就过去了，刘杰才不好意思地停了下来，抱歉地对王怡说："一提到车，我就变得特别兴奋。不好意思，你不要介意。"王怡摆摆手说道："怎么会，我觉得很有意思，你介绍的这些我以前都不知道，我还要谢谢你免费教了我很多知识呢。"感受到王怡对他的爱好的接受与理解，刘杰内心很高兴。以前刘杰也不是没有过心仪的对象，但几乎没有人对他这种多年来的爱好感兴趣，刘杰认为只有兴趣相投才能长久地生活在一起。终于，刘杰这一次找到了适合他的对象，于是开始经常主动约王怡出来兜风。两人的感情发展得很顺利，很快就互相见了家长，在家人朋友的祝福下，在年底领证结婚了。

第二年，刘杰收获了一个大惊喜，妻子生了一对可爱的龙凤胎，平时的生活除上班工作外，他最大的乐趣就是陪在儿女身边。王怡虽然也很想时常陪在儿女身边，但她的工作是中学老师，中学生正处于最叛逆的年龄，难免会有一些小摩擦、小问题出现，王怡作为班主任，为了学生健康成长，除关注学习外，还要经常与学生们交流，帮助他们解决各种各样的烦恼。工作的繁忙不可避免地影响了王怡对家庭的关注，她对处理完学校的事情回到家中只能看到儿女的睡脸已经习以为常。刘杰和王怡要工作，双方父母年龄又较大，不得不在白天雇保姆来照看孩子。但到了晚上保姆下班走后，照顾孩子就需要刘杰夫妻自己完成了。刘杰很理解妻子的工作，每个孩子都是父母的希望，每位父母都对老师充满信任，妻子有义务培养好这些祖国的花朵。为了更好地支持妻子，刘杰下班后马上赶回家照顾孩子，尽量减少妻子工作和家庭的双重压力。

龙凤胎在带来双倍幸福的同时也连带着一些小烦恼，照顾龙凤胎相比一个孩子更为困难，尤其对于刘杰一个大男人来说，面对同时哭闹的两个婴儿更多的是无从下手。好在刘杰有充分的耐心，经过一段时间的适应，他便成了一个合格的奶爸。王怡晚上回到家，看到刘杰熟练地哼着儿歌抱着两个孩子摇摆，内心充满了感激。“谢谢你老公，我工作忙，多亏你帮我分担。”王怡真诚地对刘杰说。“一家人说什么谢谢。夫妻之间不就是要互相支持理解的吗？我们能在一起也多亏你对我爱好的理解。”刘杰不好意思地说。

其实，刘杰也不轻松，每天工作时间八小时，公交车司机必须对乘客的安全负责，开车时一定要拿出十二分的专心。除此之外，司机总是保持坐着的姿势，不能随意活动也让刘杰的身体很不舒服。往往工作一天后刘杰自己都很疲惫，需要充分的休息时间，因为只有休息好才能保持长时间精神饱满的状态继续第二天的工作。由于心疼工作繁忙的王怡，刘杰主动地承担了大部分照顾孩子的工作，回家后的休息时间不得不压缩了很多，一晚上往往要起来几次。虽然感受到了自己精力的不足，刘杰仍想尽量兼顾事业和家庭，每天都打起精神去工作。王怡感觉到了刘杰的劳累，他甚至在吃晚饭时就开始昏昏欲睡。于是，王怡便建议说：“老公，要不然我们请一个住家保姆吧？”“怎么突然说这个？现在的保姆不是挺不错的吗？把孩子照看得很好。”“现在的保姆确实很好，可是我们晚上需要好好休息，还是找一个晚上也能帮忙的保姆比较好。”刘杰虽然心里很认同这个建议，可是仍有一些顾虑：“好保姆不那么容易找，先托人问问看吧，找到合适的再说，最近我就先坚持一下。没事的，放心吧。”这天，同事李顺因为女儿生病，想让刘杰帮忙替一下晚班，刘杰本来就跟李顺关系很好，平时叫他一声“李哥”，为人父后，很能理解这种对孩子的担忧，尤其在孩子生病时特别希望陪在孩子身边。于是，刘杰毫不犹豫地答应了李哥的请求。谁也没想到，这种勉强却在第二天引发了一场让人心痛的事故。

第二天下午，刘杰觉得有些提不起精神，但还是强撑着驾驶客车，阳光照在刘杰的身上，温暖加剧了他的困意，而后在由东向西行至机场高速路进城区方向 11.8 公里处时，他终于支撑不住，有一瞬间的不留神，然而就是这一瞬间的不留神，车辆前部就撞在中心隔离带后侧翻过隔离带，砸在赵炜驾驶的一辆公务车上，造成多人伤亡，车辆及道路设施损坏，路上的其他车辆纷纷停下。短短几分钟就出了这么大变故，刘杰根本没有反应过来，但身上的疼痛让他清醒了许多，他看了自己的伤不算严重，马上向外呼救，最终在几位司机的帮助下爬出了座位，赶忙拨打了急救电话和报警电话，简要报告了出事地点。为了尽量避免更大的伤亡，热心人查看了其他伤员，在救护车到达前各尽其职进行救助。很快，急救车纷纷赶到现场。不久，刘杰所在的公交公司也派出了相关人员来处理事故。

与此同时，接到事故报警后，市公安局立即启动重特大交通事故处置预案，迅速调派警力赶到现场开展抢救、疏导工作，同时立即向上级部门和各级领导汇报了事故初步情况，并通报有关单位，协调开展应急处置。

在处置过程中，为了减少事故现场对周边道路交通的影响，针对机场高速过往车辆行驶速度快、流量较大的特点，市公安局及时调整警力部署，开辟绿色通道，并对事故现场机场高速出市区方向实施了交通管制。由于措施到位，交通堵塞的现象有所缓解，保障了各级领导准确且快速抵达现场，确保了医疗救护车及时运送伤者，为有效挽救伤者的生命提供了宝贵的时间。同时，为有效疏导交通，市交通台多次插播事故信息，提示车辆绕行，分散流量。

经过两个多小时的努力，伤员得到了及时救助，现场清理完毕后交通全部恢复正常，有效地控制了事故可能造成的更大人员伤亡和经济损失。

经现场勘查和事故调查分析，认定事故主要原因是刘杰驾驶的大客车越过隔离设施驶入对面道路左侧车道，由于疲劳而发生过错行为，与赵炜所驾驶公务车发生碰撞造成人员伤亡。

春季阳光和煦温暖，午后车内温度较高，驾车人更是容易犯困，开车途中打个小盹，稍不留神，后果都很严重。事故发生后交警到达现场也感到奇怪，当时的通行条件非常好，阳光也不刺眼，怎么就会莫名其妙撞上了呢？刘杰表示自己也说不清："只是感觉当时有些困意，眼睛都很难睁开，就打了个盹。"说起当时的情况，刘杰还有些后怕。交警表示，春季午后车内温度高容易让人困倦，许多驾驶员没有足够的休息容易导致疲劳驾车引发事故。

刘杰当时躺在病床上，满脸倦容，两眼布满血丝。经过询问，刘杰告诉民警，同事家里有急事，自己替他值了晚班，再加上最近晚上要照顾孩子，今天连续开车将近5个小时了，所以有点累。"你这是疲劳驾驶，不安全，应该休息好了再走。"民警对刘杰说。听了民警的话，想到自己一直以来的志向和深爱的家人，刘杰此时后悔不已，他从小的爱好就是车，想不到自己一时的大意却造成了这么大的伤害，今后该如何面对自己的爱好呢？多年来的驾驶经验告诉他在感到身体疲惫不能集中精力时要停止驾驶，适当调整，这段时间下班后要照顾孩子，雪上加霜的是前一晚帮李哥值班，长期积累的疲惫没有得到缓解，这种情况下不应该继续强撑，一时的逞强酿成了巨大的损失。

疲劳驾驶在行车中容易引发多种事故，尤其是追尾。驾驶员因为疲劳驾驶，打起瞌睡，脚上的油门一松，就会导致车速下降，后车如果来不及发现的话，就很容易撞上去，类似事故的死亡率非常高。为了预防此类事故，交警展开了专项整治活动，在车辆密集以及事故多发路段进行突击检查，及时提醒那些疲劳的司机。当然预防疲劳驾驶最好的办法还是注意休息，间隔两小时左右就下车走走，哪怕是几分钟，对于缓解驾驶员疲劳也有相当大的作用。

突发事件以预防为主，但不可避免时就要采取相应措施有效应对。突发事件发生后，履行统一领导职责或者组织处置突发事件的人民政府应当针对其性质、特点和危害程度，立即组织有关部门，调动应急救援队伍和社会力量，依照有关规定采取应急处置措施：第一，组织营救和救治受害人员，疏散、撤离并妥善安置受到威胁的人员以及采取其他救助措施；第二，迅速控制危险源，标明危险区域，封锁危险场所，划定警戒区，实行交通管制以及其他控制措施；第三，立即抢修被损坏的交通、通信、供水、排水、供电、供气、供热等公共设施，向受到危害的人员提供避难场所和生活必需品，实施医疗救护和卫生防疫以及其他保障措施。

刘杰此时正躺在医院的病床上，妻子王怡看着他包裹着纱布的手臂心疼不已。刘杰看着妻子的样子，心里也很不是滋味，但还是劝慰道 ：“幸好我福大命大，受的伤并不重。”“你工作这么累，回到家本来应该休息，我却没有多为你考虑考虑，如果当初我多坚持一下，咱家请个住家保姆就不会是现在这样的结果了。”刘杰抬起没受伤的手臂拍了拍妻子说：“这件事怎么能怪你呢？既然事情已经发生了，就想办法解决。吸取教训，下次不要再犯同样的错误就行了。”看到王怡点点头，他继续问道：“你在这里陪我，孩子们怎么办？”“放心吧，有保姆在照看，你现在的主要任务是养好伤。还有，为了我们，你今后要更加注意安全。”刘杰连连应好。

31. 谣言四起惹风波　官民合作解危情

2011 年 3 月 11 日，日本东北部地区突发 9.0 级大地震后，位于本州岛福岛的核电站发生爆炸并出现核泄漏。

家住浙江的闫丽看到这条新闻后并没有太在意，直到几天后才惊觉这条新闻对自己生活产生的巨大影响：闫丽的妈妈许静一早去公园跳舞，听旁边打太极的老人们说要赶快囤一些盐，还强调说越多越好，原本雷打不动每天跳舞一小时的闫妈妈立刻就取消了当天的计划，匆忙跑去超市采购食盐。闫丽老家的亲戚急火火地打电话让帮忙买几袋备着。身边的同事们交流着去哪里抢购盐。食盐确实是日常生活中不可缺少的调味品，但闫丽不明白怎么突然间盐变得这样抢手了。

下班回到家，闫丽看到妈妈正在厨房里忙碌，以为在做她爱吃的饭菜，连忙洗好手也钻进了厨房，谁知却看到了妈妈没有准备晚饭，而是忙着收拾今天抢购的成果，闫丽被吓了一跳，只见好多袋加碘盐堆积在厨房一角。终于忍不了心中的疑问，闫丽脱口而出："不就是盐吗？怎么大家都着急买来囤在家里？根本就吃不完。"闫丽妈妈说："这你就不知道了吧，亏你还念了那么多年书。网上说，日本地震引发的核泄漏产生了大量辐射，服用碘盐可以抵抗核辐射，而且此后一段时间内生产出来的盐将受到核污染，买盐要趁早。"闫丽听了妈妈的解释，将信将疑："真的吗？"闫丽妈妈肯定地说："当然是真的了，大家都这么说。超市的盐都快卖光了。"闫丽还是有些怀疑妈妈是不是夸张了，决定明天趁周末自己去超市看看。

第二天一早，闫丽妈妈知道闫丽要去超市，马上让她顺便再多买一些盐。闫丽无奈地答应后，先来到了住宅区内的小超市，来逛超市的顾客推着小推车，三三两两地往调料区走去。买到盐的人脸上露出了喜滋滋的笑容。"8 点钟一开门我就过来了，没想到还真抢到了两包。"一位老大爷看着购物筐里的两包盐长出了一口气。"超市开门才 1 个小时，盐就被抢光了。"对于没有抢到盐的顾客，工作人员也安慰着他们："现在没买到没关系，您中午吃完饭再过来，盐就上货啦。"闫丽看着空空的货架，才明白原来妈妈说的是真的。

随后，闫丽不得不打车来到附近的大超市。刚一进门就听到“食盐一块八一袋，大家都准备好零钱啦！”的吆喝，走近一看，一层调料区柜台旁一名工作人员正在吆喝着。而那些食用盐都是1公斤袋装的粗盐。在闫丽的询问下，工作人员解释道：“今天就没有进精盐，如果不着急用盐，可以再等两天。”“家里没盐的买不着，家里还有满罐子盐的一次买一箱！”一位大爷看着空荡荡的食盐货架，一肚子不满。旁边的超市工作人员说，预计今天下午食盐就能到货，请顾客别太着急。不远处的黄酱货架也已经半空了。酱油倒是还有几瓶，但工作人员讲：“也就是这几瓶了！”昨天的狂抢潮中，食盐首先断了货，紧接着，大爷大妈们又来抢黄酱和酱油了。“别说盐，连榨菜都快没了！”当很多闻风而动的市民冲进超市时，发现他们的目标早已被清空，不愿意空手而归的人们多数都拎上了一瓶酱油。

没有完成妈妈交给她的买盐重任，闫丽只得无奈地回家。一进家门，闫妈妈就冲过来拉着她问：“怎么样？买到了吗？”看到闫丽摆了摆手，闫妈妈一副我就知道的表情，说道：“你还不相信我说的，这下眼见为实了吧。”今天的经历让闫丽相信了大半，晚上躺在床上，她觉得明天还是要去超市一趟。

为了不再空手而归，闫丽6点就从家出发来到小区门口的超市。发现平时只有两个收银员值班的这个小超市，今天增加到4个收银员。买盐的小区居民排了4条长队等待交款，每人手里只有两袋盐，有的老人带着小孩，小孩也按超市规定买两袋盐。超市内的广播不停播报：“各位顾客请注意，超市食盐充足，请排队购盐。”由于购盐的人很多，超市甚至专门有一块区域负责售盐。滚梯旁已经排了七八米长的队伍，大家都在等着领袋装盐。在库房里，一名工作人员有条不紊地向外发放着食用盐。顾客并没有等多久，就拿到了盼望已久的两包400克装食用精盐。“其实大家不必惊慌购盐，这盐充足得很。”超市工作人员向前来购盐的顾客调侃着。刚巧邻居郝阿姨也到这里买盐，看到闫丽便说：“听你妈妈说，昨天店内的食盐就被附近住户给抢光了你没买到。今天你来得早还剩了一些，不过你也要抓紧，过会儿估计仍有很多人来购买食盐。”闫丽道了声谢谢，来到摆放盐的货架，看到价格标签上赫然印着：10元/包。微微一愣，价涨这么多了？但一看身边的人都毫不犹豫地将盐立刻抢走，闫丽也跟着抢了两袋盐去排队结账。

回到家，闫丽看到新闻中报道了省各市不同程度出现抢购加碘食盐的情况，甚至有居民整箱买走，抢购风潮席卷全省。现在的市场态势是该省所有沃尔玛、家乐福超市的食盐被抢购一空。部分超市、副食品店食用盐出现脱销，几十家小店的食盐也供不应求。盐业公司各批发部门前排起了长队，大批量购买，群众情绪激动，出现哄抢现象。部分小店趁机抬价，价格离谱。从附近省市赶来的外地人，也加入抢购队伍。抢购商品从碘盐扩大到抢购酱油等其他主副食品，抢购现象蔓延至省海盐主产区及边远小岛，且呈迅速扩大趋势，已造成民众恐慌和商品市场混乱。

食盐抢购一空后，各个超市、批发市场的货架上又陆续摆上了食盐，更多的盐则已经“在路上”。而这一切都是因为坊间传言：一种说法是日本的核辐射会对海水造成污染，今后海水盐制作出来也会有辐射；另一种说法是食用盐中的碘可以有效防止核辐射，很多人从网上乱扒防核辐射知识，知道补碘可以预防甲状腺疾病，从而抵抗核辐射造成的人体甲状腺损伤，碘从哪里来？于是，大家想到了自己平时吃的碘盐。传言散布后，许多人感到紧张，就跟风去买了。

闫丽时刻关注着事情的发展，眼看食盐抢购热潮愈演愈烈，就在闫丽犹豫要不要再去买些盐时，相关部门公布了关于“服用碘盐可以抵抗核辐射”及“此后一段时间内生产出来的盐将受到核污染”的说法并无科学依据，只是某一部分人制造的谣言。

与谣言赛跑的是辟谣。官方和民间齐上阵，共同辟谣，告诉人们都别抢了。政府、媒体、业界和有识之士在第一时间开始了一场堪称全方面立体化的辟谣。

国家发改委、商务部、工信部等相关政府部门第一时间出面辟谣，国家发改委不仅在官网上辟谣，还向各大媒体发布官方消息，2011年3月17日14时25分，新华网将该消息公布，14时51分，新华社向全国播发电稿。中盐总公司 3 月 17 日上午就通过官方网站发布了一份紧急通知，强调确保食盐市场稳定供应。他们还紧急在门户网站注册微博，从 13 时 49 分开始，连续发布辟谣微博，第一条微博内容便是《关于部分地区食盐抢购现象声明》。该微博同时举出具体数据说中盐公司的食盐库存在 3 个月以上，能够保障供应。15 时 40 分左右，该微博开始以“中国盐业总公司应急工作小组”的名义进行微博访谈，回答网友关切的各种问题。

面对缺乏依据、全凭想象的流言，媒体、学者甚至许多有科学常识的普通网民都在不断辟谣。“核泄漏再严重也不会把海盐都污染了呀。你想想，每年有多少次核试验是在公海里进行的，它们都没把海盐污染了，何况这次的核泄漏？”“你知道多少碘才能起到一定预防效果吗？ 100 毫克！如果靠吃碘盐来防辐射，按照我们国家每公斤盐只能加入 20 毫克到 50 毫克碘的规定，一个人必须每天吃 2 公斤到 5 公斤碘盐才行！而大量摄入食盐不仅会造成脱水，还会吃死人的！还有所谓的华素片，每片碘的含量不过 1.5 毫克，要起到预防辐射的效果，你一天得吃 60 片到 70 片。”各种相关辟谣微博接踵出现。新浪微博热门话题榜排名前两位全部被“盐”占据，与“制止谣‘盐’”相关的微博达到数百万条，科学传播公益团体“科学松鼠会”进行辟谣的微博也有几十万条。“科学松鼠会”以“无须抢购食盐”为题转发微博，普及了 3 条食盐小常识，很多传统媒体的官方微博以及微博达人也都在努力辟谣。网友还在微博上面发起了签名保证不抢购食盐的活动，得到了广泛支持。国家发展改革委员会也发出了紧急通知要求各地保障食盐供应，并立即开展市场检查，坚决打击造谣惑众、恶意囤积、哄抬价格、扰乱市场等不法行为。

而中盐总公司已紧急通知各地盐业公司启动应急机制，确保食盐供给。目前食盐储备充足，完全能够满足群众需求，请消费者不要盲目抢购囤积。中国盐业总公司已向全国各省、自治区、直辖市及计划单列市发出紧急通知。通知称，各级盐业公司对此要高度重视，密切关注市场动态，立即启动市场应急工作机制，直至市场恢复平稳。同时，加强生产组织管理，立即部署各食盐定点生产企业及配送中心加紧生产，提高成品食盐产区库存，并做好销区紧急调拨准备。

省盐务局主管官员表示，食盐库存非常充裕，可以保证供应，“绝对没问题”。此外，该局现在已经延长了批发时间，原来每天下午5点下班，现在则是加以延长，随时有人来批发，随时可以供货。“往年也有一些小抢购，只是没今年这么厉害，一般半天至一天恐慌就消除了。这次恐慌估计也会很快消除。”他说。市商委负责人也就近日部分市民担心日本核泄漏对本市造成影响，抢购、囤积井矿盐等物品表示，目前食盐等商品库存储备十分充足，调运也有充分保障，完全有能力确保市场供应，广大市民无须恐慌抢购。

食盐供应出现异常波动后，省盐务管理局、省盐业集团公司高度重视，立即启动应急预案，防止抢购情况继续蔓延，确保食盐市场稳定供应。省盐务管理局介绍，省内食盐每月消费量为2万吨，全省食盐每月生产供应能力在4万吨以上。“目前省内库存充足，全省小包装碘盐商业库存4万多吨，而且全国食盐生产供过于求，我省完全有能力确保食盐市场供应。”

针对食盐抢购导致市场供应紧张，个别商户趁机乱涨价的现象，为确保食盐市场价格稳定，省物价局规定目前食盐价格实行政府定价。各经销商一律按以上价格执行，不得乱涨价。并已责令各地物价部门立即开展市场巡查，对不执行政府定价、哄抬价格的违法行为要坚决予以打击，确保食盐市场价格的稳定。

省盐业公司立即启动了应急预案，成立应对突发性事件保障食盐供应协调指挥部，并电告各分公司和碘盐厂每两小时汇报情况，加班生产，保证库存，增加车辆调运，同时向政府和媒体反映情况，发公告辟谣，还将所辖各市的市食盐调度权限收归指挥部。

最终，在各方的努力之下，抢盐危机终于告一段落，闫丽和妈妈的生活也恢复了平静。谣言和真相只有在事后才能判断，如果要求普通公众不传播“流言”或“假新闻”，等于要求他们不犯错误，那就等于剥夺了他们表达的权利。群众缺乏常识，人云亦云，人抢亦抢，存在跟风心理，从而被不法分子借机利用，操纵市场，谋取个人利益。其实无论面对什么灾难、谣言，冷静都是最好的状态。不理性的盲目行为，只会造成社会恐慌，扰乱正常的社会生活秩序。抢盐危机未必是一件坏事，如果抓住机会，处理得当，决策过程透明，信息发布及时，也是一堂生动的公民教育课，能增加政府与民众之间的信任感。

因“核辐射”和“海水污染”谣言而产生的抢购食盐风波看起来十分荒唐，但说明当前社会大众对环境污染问题的敏感和紧张心理，以污染为由头的谣言具有如此“号召力”和“杀伤力”，值得警惕。食盐抢购风波给地方政府提出了警示，如何正确引导群众对污染问题的关注，避免一般群众因对污染问题的“不正确认知”而造成社会公共事件，是地方政府必须面对的课题。

32. 雅安民众受灾害　救援重建让心安

黄兴在四川开商店已经有四五年时间了，以前在零售行业打过很长一段时间的工，那段时间的接触让他对当地市场有了一定程度的了解，于是在家乡雅安市芦山县开了一家商店，开始了他的创业之路。

回忆起刚回到家乡时，为了让生意做得更大更好，他们多次考察芦山县的零售市场，准备抢占先机攻占这块市场。芦山县人口较多，零售市场还是比较大的，在多次的考察后，黄兴夫妻俩终于在 2007 年决定来芦山县发展。商店在当年 3 月在镇中繁华街道开张了，为了养家糊口，夫妻俩每天早出晚归，对商店的经营丝毫不敢松懈。经过一段时间的观察，黄兴发现顾客对商品种类的需求比较多，于是他在进货时丰富了商品种类，既有日常百货，也有一些小家电，销售的牌子都是比较好的，货品组合比较丰富，品牌的价位也实惠，性价比很高。他们为了长远的发展，一开始就选择做品牌，这为他们后来的发展打好了坚实的基础。就在生意越来越好的时候，上天似乎执意要让他们的人生经历更多的磨难，他们的抱负还没来得及实现，就碰上了几十年不遇的大地震。

2013 年 4 月 20 日，四川省雅安市芦山县发生 7.0 级地震。成都、重庆及陕西的宝鸡、汉中、安康等地均有较强震感。黄兴的家乡芦山县处于震中，地震使得大量房屋垮塌，停水停电，交通受阻。

回想起地震发生时，商店内的货架、冰柜震倒在地，房子的墙壁出现裂缝。“当时玻璃都被震碎了，不停掉落，我们来不及关门，带着员工跑到广场去躲避。”还算幸运的是，地震发生那一刻，黄兴正和员工们聚在一起清点商品。地震结束后，他很担心自己的店铺，急忙跑到商店查看，100 平方米的卖场内，货架被摔在地上破损，商品横在地板上变形，其他电器更是横七竖八倒在店内。当时整个店铺一片狼藉，万幸是店里没有人员伤亡，但是看到自己辛辛苦苦装修、开张只有几个月的新店面损毁，货品没能及时抢救，粗略估计一下就有十几万元的损失，这还不包括店面的损失，黄兴心疼不已。现在唯一能做的就是能抢救出来的货物尽量抢救，但即使这样，抢救出来的货品价值也不到十万，他们只好打算把一些轻微损坏的或者有点弄脏的货品都低价处理掉。这次地震使黄兴的商店遭到了重大损失。

震后，黄兴和附近的商铺老板仍处于余震的恐慌之中。主震后 4 分钟内就发生了第一次余震，随后的一个半小时内也是余震不断，共发生 11 次余震，其中最大为 5.4 级。看着在一波波震动中倒塌、开裂的店铺，商家们一阵阵心痛。经济上的损失只是其次，重要的是生命安全。人们很快展开了自救，纷纷涌到那些倒塌的房屋中，搜寻被埋的人。一个又一个被埋的人被救了出来，但依然有不幸发生。

地震发生后，相关部门采取紧急应对措施：四川省立刻启动一级应急程序，军区部队紧急出动 2000 人赶往芦山，两架直升机已经起飞。这场灾难，使得很多人的房屋受到了损坏，没有地方可以住。但很快他们就有了临时的家——一个可容纳 200 多人的帐篷。这是当地的一个从事遮阳棚出租生意的商人捐助的，帐篷很快被搭建了起来，一些受灾的人也开始在这里聚集。

因为担心余震再发生，黄兴家也住进了搭起来的帐篷，但生活却遇到了难题。虽然商店仍有一些存货，但道路中断使得进货无门，明显不够生活所需。一开始饮用水和食物都很紧缺，大家都很着急，很快，政府的物资救援就打消了黄兴和其他人的忧虑。地震当天下午，第一批物资就开始运了过来，但是数量还是不足。所以，在那个时候，就只能先帮助那些老弱病残，年轻人的问题放在后面解决。一开始，只能是一户分一瓶矿泉水，几户人家合住一个帐篷。到了后来，中国红十字总会启动应急响应，并从中国红十字会成都救灾备灾中心调拨 500 顶帐篷到受灾地区。重庆、贵州、山东、广东等省及香港、澳门地区红十字会来电准备参与救灾。此外，国家减灾委、民政部针对四川雅安 7.0 级地震灾害紧急启动国家三级救灾应急响应。随着一批批救援物资的到来，饮用水和食物都已经供应充足，帐篷也可以做到一户一顶，如果人口多还可以多领一顶小帐篷。

生活有了保障，黄兴终于有精力经营自家生意。最初黄兴夫妇不敢收拾商店，晚上只能在进货用的小货车里过夜。等到余震不再发生，两人忙碌着清点收拾出来的商店里的货物。平时就在店门口搭了个帐篷，拿出一些货品卖给需要的人。“开始的时候，大家急需的是水和食物，方便面和矿泉水卖得很快。后来，买牙刷、牙膏、梳子的人变多了。政府的救援一来，情况就变得更好了，大家放心了不少，买香烟的人开始多了。”他们俩对政府的救援和来自四面八方的帮助有着切身体会，每天都能看到很多忙碌着的救援人员、医护人员和志愿者。

实际上，面对雅安7.0级地震，中国地震局启动地震应急Ⅰ级响应，派出了地震现场应急工作队赶赴灾区，同时四川省地震局也派出了现场工作队。国家安全监管总局立即研究并作出紧急部署。国家矿山救援队芙蓉队等16支矿山救援队共300余人，开滦、大同等6支国家矿山救援队及贵州、陕西、云南省矿山救援队，重庆矿山救援队均赶赴现场。为了避免引发不必要的泄漏、爆炸事故，国家安全监管总局通知灾区所有矿井停产撤人，排查危化、油气管线。公安部启动应急机制，国务委员，公安部部长，分管部的领导，消防、交管、治安等部门负责同志在指挥中心调度指挥救援，并且派出前方工作组赶赴现场。卫生计生委紧急部署四川雅安地震医学救援工作，组建派出国家卫生应急队，180多名医务人员及车载移动医院。

另外，国资委向各中央企业印发紧急通知，要求迅速做好灾情调查、救灾应急等各项工作，第一时间向国资委等有关部门报告情况：要求迅速启动抗震救灾应急机制，抓好应急值守、组织协调等工作，迅速摸清震区内所属企业受灾情况，积极组织央企做好抗震救灾自救工作，中央运输、建筑、电力、通信、石油、物资储备等企业要为抗震救灾提供有力保障，其他央企根据灾情发展积极参与抗震救灾相关工作。

本来在地震刚发生后，看到倒塌的店面，对于未来的发展，事业的下一步路，黄兴夫妻俩都感到很迷茫。去年，商店的生意好，家里各项开支都能应付。但现在呢？所有的资金都用来投资新店面了，当时想着新店面的生意好，日子又能重新走上正轨，哪里想到上天还安排了这样一出灾难。新店面开张那几天，几乎每天的营业额都能够达到三四千块钱，发展势头良好的新店面，聚集全家人殷切期望的店面，全因这场突如其来的地震而毁了。此次地震表面上看给黄兴夫妇的商店带来的仅仅是销售财产的损失，但对身处灾区中心的他们来说，有些是毁灭性的打击，店铺倒塌、货品被埋，重新创业，困难重重。黄兴加紧清货，以尽量挽回损失，养精蓄锐以求从头来过。黄兴与妻子互相鼓励："地震可以震垮我们的商店，毁坏我们的商品，但震不垮我们灾后恢复经营的信心和决心，随着灾后恢复，相信商品需求供不应求。"

像黄兴夫妇这样受损的商铺老板还有不少，整个地震灾区百废待兴，大家都期待着政府的帮助，希望重新恢复生意。让他们心安的是，依据《防震减灾法》，在地震灾害评估、地质灾害排查及危险性评估、房屋及建筑物受损程度鉴定评估和资源环境承载能力综合评价的基础上，经过专家论证，政府广泛听取了各方面意见，最终在 2013 年 7 月 15 日政府官方网站公布了《芦山地震灾后恢复重建总体规划》。规划中明确指出了规划范围，分析了灾区特点及重建条件；明确了重建的指导思想、原则、目标；介绍了重建分区、城乡布局、土地利用等问题。同时规划中还涉及了黄兴他们最为关心的事关切身利益的事项，包括重建有关居民住房和城乡建设、公共服务、基础设施、特色产业、生态家园、政策措施等方面的内容。根据《四川芦山"4·20"强烈地震灾害评估报告》，地震波及区域划分为极重灾区、重灾区、一般灾区和影响区。重建总体规划涉及的范围是极重灾区和重灾区，包括黄兴的家乡——雅安市芦山县。这次重建将借鉴汶川、玉树等地震灾后恢复重建的成功经验，计划用三年时间完成重建任务，使灾区生产生活条件和经济社会发展得以恢复并超过震前水平，为到 2020 年与全国同步实现全面建成小康社会目标奠定坚实基础。根据重建总体规划确定的目标和重建任务，恢复重建资金总需求，经测算约为 860 亿元。看到"三年""860 亿元"等字眼，黄兴振奋不已，对未来充满了希望。

在《芦山地震灾后恢复重建总体规划》的指导下，黄兴的家乡芦山县的重建工作有条不紊。对于灾后的救援和重建规划，黄兴很满意："确实要感谢党和政府，还有那些志愿者们。虽然地震后我的商店塌了，货物也毁损了不少，但是生活物资能够得到充分的保证，我们十分感激。来自全国各地的志愿者们也帮了大忙。而且我也相信，党和政府能够保障我们以后的生活。”这次的经历让他真正体会到了“一方有难，八方支援”。

政府重新建房屋至少要三年到五年的时间，而目前店面和货品损坏，要处理货品，就要开始找店面。好在黄兴夫妻俩对芦山县的市场情况还是相当了解的，重新选店面并不是难事。之前的商店生意也是做得得心应手，而且他们的商店在当地消费者中还是有相当高的信任度和美誉度的。一些老顾客对商店的货品质量和服务质量非常满意，商品的价位符合当地的消费水平，商店的顾客绝大部分都是回头客。商店和商品厂家的合作关系也维持得非常好。所以他们肯定会重操旧业，只是过程中可能会遇到各种困难。不过好在家人平安，只要人还在希望就在，黄兴夫妇都不是轻言放弃的人，想想最初两人刚回到芦山县时也是白手起家，这次挫折只不过是他们人生路途中的一次历练，相信只要重新来过，今后用心经营，就可以继续前进！

33. 高考学子遇雷雨　预警及时帮大忙

终于告别高二，在夏天渐行渐远的碎步中，张然步入一直以来向往的神秘的高三，她的心情既兴奋又忐忑。兴奋的是终于可以为自己的梦想开始真正的奋斗了。忐忑的是没有人知道这一年里会发生怎样的事情，或悲或喜，每个人都在希望与失望中来回旋转，在高峰与低谷中上下颠簸。听过太多人感慨高三生活，张然很好奇，她曾经问过上一级的学姐高三生活到底是怎么样的，学姐这样对张然说："很难用美好或痛苦来形容，不过只有一点我能确定地告诉你，高三一定是难忘的。毕竟这样能够为梦想尽情奋斗的日子不多，你要好好珍惜。只要心怀梦想，它就能够成为你心中最强大的动力。无论受到什么挫折与打击，你有多么伤心沮丧，都要相信自己可以！"带着学姐的祝福，张然开始了属于自己的不可复制的高三生活。

在高三刚刚开始阶段，张然都乖乖听着各科老师的安排进度，一步一个脚印地充实着自己。起初，生活很风平浪静，与高一、高二并无太大的差别，每天都是家、学校两点一线。这种波澜不惊的状态让张然在课间常常问自己，这就是我的高三生活吗，看来也没有什么特别的。我的梦想是什么？我未来想要的是怎样一种生活……就在张然仔细地寻找学姐学长们的高三回忆录中那些所谓的有痛苦有欢笑的难以忘怀的高三岁月的时候，张然不禁感慨，如果高三不是像他们所说的那样的话，那么我的高三也太平凡无奇了。就当这样的想法冒出来的时候，波澜起伏的高三生活正式降临。

3 月的全市一模可以说是张然高三生活的转折点。在这之前的大半年里，张然的日子整体过得还算不错。虽然也会有一些小考的失利，但在大考中发挥得都很稳定。张然的班主任还一度把张然当作成绩稳定的榜样来鼓励班级里的其他同学。尤其在 1 月的联考中，同学们成绩都不太理想，普遍认为题目有些难，需要开阔思维，但张然却考了年级第六名。这算是自高二文理分科以来张然第二次进前十名。这次考试是所谓的与高考成绩比较接近的预测，身边的同学看到她发挥得这么好都很羡慕，在那次考试之后，张然的自信心大增。张然充满希望，认为自己可以以最饱满的热情冲刺高三的最后 100 天，之后的那个寒假，她几乎是每天到学校自习，很多笔记也是在那一个寒假里做成的。然而，全市第一次模拟考试却给张然沉重一击。

那是一次让人很悲痛的考试，张然深受这次考试的影响。数学不是张然擅长的科目，恰巧考试的数学题又很难。这种难并不是因为张然不会，而是输在了临场考试的心态上。选择题、填空题难度的增大让张然慌了阵脚，以至于做到大题的时候脑子就只剩下一片空白。走出考场的张然很懊恼，明明可以做对的题因为慌乱没有写出来。更糟糕的是，这样的懊恼情绪一直延续到了第二天的文综考试，使得原本擅长的文综答得也不是很满意。结果张然的一模成绩就像坐过山车一样，跌到了第 46 名。名次是次要的，但是一模带给张然情绪上的负面效应一直延续到了二模。

张然整个高三最黑暗的时期就是在一模到二模的这段时间里，她的情绪低落到了极点。张然在自我期望与他人评价中严重地失去了自我平衡。每天回到家都一头扎到自己的房间里，课间也不再和同学聊天。那段时间，张然总感觉全世界都抛弃了自己。为什么别人总能找到前进的方向，别人总是在很热情高涨地学习，而自己却在这么关键的时刻难以专注？为什么自己明明没有偷懒，却还是落得这样的结果？也许当时自己真的把成绩这个东西看得太重了，把别人对自己的评价看得太重了，甚至高过了对自己的自我肯定，才导致现在完全丧失了自信。这种想法每天都充斥在她的脑海中。

张然知道在这么关键的时候不应该分心想这些，她想尽了办法让自己全身心地投入学习，看了很多调剂心灵的文章想让自己平静下来，但是都没有什么效果，眼泪不知道流了多少次。直到有一天，张然偶然瞥见同桌写在本子上的一句话："付出的时候不要想着收获，当你收获时，一定会得到更大的感动。"对呀，何必把收获的东西看得那么重？父母从小就告诉张然，一分耕耘不一定就能得到那一份显著的收获。张然不断地反问自己，既然这样，为什么不享受过程？为什么不自信地走好每一步？为什么要那么在乎别人怎么看待我？我就是我，我为什么要活在别人的评价里？就这样，张然渐渐在心中重新找到平衡的支点。

找回了好心态，二模紧接着就到了。但张然觉得二模的考试结果比一模还要糟糕。二模的题目较简单，但张然因为之前的分心浪费了很多时间复习。正因为简单，很多同学的成绩提高了，张然却一下掉到了第 65 名。但是很奇怪的是，二模之后的她反倒没有一模过后的悲伤和失望。当拿到二模成绩条的时候，她没有太多的伤心，心里只是想着不管成绩了，拼尽全力向前冲。回到家后，她将成绩告诉父母，父母并没有说一些责备她的话，反而鼓励她不要将一次的成绩放在心上，只要尽力就好。在老师和同学们的鼓励下，张然的心态放轻松、平和了许多，也渐渐开朗起来。也许是经历了心态的最低谷，二模之后的张然反而找到了一些自信，她和老师、同学的交流也逐渐增多了。张然觉得自己此刻有一种自我恢复的能力，让封闭已久的心灵又充满了阳光。

二模之后，张然开始积极地找老师分析问题。其实，和老师交流的感觉是很好的，每一次都获益匪浅。当张然拿着文综试卷去找老师的时候，张然记得她说："你是很有实力的，只是这段时间缺乏自信。你还有一个很大的优势就是字写得好看。今后多与老师交流。老师相信你的实力，加油！"在自我怀疑的时候，听到师长对自己的肯定，是一种莫大的鼓舞。真诚地与别人交流和沟通，张然发现，事情并没有那么复杂，很多东西都是自己想得太多了。

之后就是重新把梦想移植回自己的心中，并且不断地蓄积自信。张然明显地感觉到自己慢慢找回了状态，一点一滴地去坚持。一旦在学习的时候怀疑自己，张然就立刻甩甩头，告诉自己要专心致志。回想一模那段时间，可能是没有找对方法，过度严格要求自己，总想抓紧一分一秒学习，中午也没有好好休息，长久累积的疲惫使得后劲不足。二模之后，张然心态转换的同时学会了劳逸结合。其实到了这一个阶段，每个人积累的知识都差不多了，高考完全是能否正常发挥的问题，而临场的发挥又与自己的心态密不可分。张然深知及时调整自己心态的必要性。心态的调整，就是要"注重过程，不问收获"，把很多事情都放开，把很多苦恼的东西都看得很淡很淡，尽力做好手边的事情就够了。一段时间的调整终于让张然恢复了真实水平。三模是张然高中以来第三次考进前十名，神奇的是名次还是第六名，虽然三模的题比二模更简单了。张然在知道分数之后的第一感觉就是，她终于摆脱了一模的影响。对半个月之后的高考也渐渐充满信心。现在张然最希望的是高考一切顺利，心态平稳，正常发挥出自己的实力。

高考，是一次完全不同于模拟考的体验；高考，是每个人独一无二的人生体验。之所以这样说，是因为没有任何一次的模拟考可以真正模拟出高考的感觉。去看考场的那一天，早上老师亲手发放了文具，每个同学还领了毕业照。之后张然就到自习室自习，当时她想，这是为数不多的在自习室为高考而奋斗的日子了。

古语有云：天时地利人和。这三项都具备了，做事情往往能成功。现在的张然储备了丰富的知识，有了良好的心态和父母的支持，熟悉了考场，可谓已经具备了“人和”和“地利”，让她和父母有些顾虑的就剩“天时”——天气状况。

又到了夏季雷电多发季节，张然父母格外关注天气状况，尤其是高考期间的，希望张然不受影响。6 月的雨水似乎格外偏爱考试，高考前一天，市气象局预报受高空冷气旋和地面西南风的共同影响，高考期间，雷阵雨天气过程仍将持续，局部地区降雨量较大，要格外注意。傍晚，市气象台发布雷电黄色预警，提醒市民做好防护工作。随后，市气象台发布暴雨蓝色预警信号：预计未来 3 小时市西部、东北部的偏南地区将出现短时暴雨并可能持续降雨。此次降雨过程伴随雷电，但强度不会太强，降雨量大概在 1 毫米至 5 毫米，属于小雨级别。同时，国土局与市气象局发布地质灾害气象风险黄色预警：今（6 日）夜，部分山区发生崩塌、滑坡、泥石流等地质灾害的可能性较大，需注意防范。

看了天气预报，张然的爸爸有些疑问：雷电预警信号是什么意思？应该如何防范雷电带来的伤害？为了更好地防范，张然的爸爸上网查阅了相关介绍：雷电预警信号分为黄、橙、红三个等级，逐级增强。6 小时内可能发生雷电活动，可能会造成雷电灾害事故的为黄色级别。气象局发布的就是雷电黄色预警，在这种情况下，市民及相关部门首先需要做好预防，按照职责做好防雷工作，其次关注天气，尽量避免户外活动。此外，山区需特别防范山体滑坡、泥石流的发生。而暴雨预警信号分四级，分别以蓝色（广东省除外）、黄色、橙色、红色表示。气象局发布的暴雨蓝色预警 12 小时内降雨量将达 50 毫米以上，或者已达 50 毫米以上且降雨可能持续。

随后，让人心安的是市气象台通过电视台、气象网站、电子显示屏、手机短信和微博等多渠道发布了全市范围的雷电黄色预警信号，提醒市民及时采取防御措施。尽管气温适宜、雷电强度并不算大，气象局还是提醒广大考生，6 月处于雷雨多发季节，要及时关注最新的天气预报，考试前注意提前出门，随身携带好雨具，防范降雨给出行带来的不利影响。

其实，按照往年经验，高考总是会伴随着降雨，所以在接到预警短信时，张然父母对天气情况的顾虑也消失了，确认了之后两天的天气情况，父母跟张然约好，高考要陪她一起去：一是下雨天张然自己去考场不方便，接送她可以让她无后顾之忧。二是希望能够陪伴她度过这个对她很重要的日子。

6 月 6 日傍晚，“憋”了一整天的雷阵雨“趁黑”进入市区，雷电和雨水在夜幕下相约而至，让原本闷热的天气顿时变得凉爽。降雨断断续续地一直持续到第二天一早。

风雨如约而至，参加高考的学生们早有准备，应对自如，考试进行得有条不紊。7 日早 8 时整，学校门外，五颜六色的“伞花”绽放在风雨中。一个小时后，全国高考即将举行，考生和家长正陆续冒雨来到考点。

“准考证都拿好了吧？”张然的班主任王霞老师，正在不厌其烦地提醒着即将走上“战场”的学生们。“老师放心吧，都准备好了，没问题！”几名身穿校服的考生微笑着朝老师和家长挥挥手，快步朝考场走去。

雨越下越大，虽然考生们已经陆续进场，但校门口等待的家长们却毫无去意。张然的妈妈一直撑伞伫立雨中，凝视着考场的方向，神情严肃。这毕竟是孩子的人生大事，能感受到张然确实有点紧张，好在今天天气凉爽，希望她也能好好发挥。

考场内外秩序井然，虽然考试赶上了工作日和下雨天，但市公安局交通支队的李警官说，今天考点周边车流量不大，不少市民选择了绕行，所以并没有出现拥堵现象，也没有接到求助电话。“我们提前做了预案，全员5点上岗，希望能为考生提供最好服务，创造最佳条件！”说着，李警官又忙着去指挥车辆了。两位戴着“治安志愿者”红袖章的老大妈也在一旁热情地说：“我们7点就来了，希望能帮把手，为考生加加油！”

“叮铃铃——”伴随着一阵清脆的车铃声，张然的同班同学李辉骑着自行车来了，在人群中一边穿梭还一边给同学们加油鼓劲。“我提前接到了气象局的降雨短信通知，带了雨具做好了准备，父母工作比较忙，家里又离考场不远。不用家长送，就自己来啦！”在老师担忧地询问他怎么自己来了的时候，李辉笑着答道。

据市气象台预报，未来48小时内市大部分地区仍将继续降雨。两天后，张然顺利地结束了高考，虽然成绩还要过一段时间才能知晓，但几次模拟考试的经验已经让她对自己充满了信心，高考期间父母的陪伴无疑稳定了她的心态，让她最大限度地发挥出了实力。正是由于有关部门预警及时，交通才能未受异常天气影响，运转正常，保障有序，张然才能顺利到达考场，心无旁骛地为自己的理想而奋笔疾书。

34. 政府治理要科学　别让“淤积”堵民心

顾军生活在黄河下游的一个小镇，镇东头有一条长7.5公里的河道，这条小河对顾军来说有着特别的意义。顾军生在一个普通工人家庭，生活并不富裕，小时候的顾军没有什么玩具，最大的乐趣就是跟随爷爷去河边玩耍。夏天的时候，河水清澈见底，可以看见有鱼游过，下河抓鱼、游泳对顾军来说都是非常有意思的游戏，而冬天的时候，河流结冰就成了天然的溜冰场，顾军在小河的冰面上肆意滑行，这一切都留在顾军美好童年的回忆中。

很快顾军到了上初中的年龄，因为他很用功，考上了县城的初中，从此便开始了住校的生活，只有假期才能回家，回家后也大都待在家里，偶尔陪着爷爷在河边散步。可如今河水已不再清澈，更别提抓鱼、游泳了，虽然已经过了缠着爷爷下河玩水的年龄，但顾军还是很惋惜，毕竟这里有着他童年的记忆，而且也是镇里很多老人散步休闲的好地方。顾军将心里的想法告诉了爷爷，爷爷也表示很无奈。顾军的爷爷告诉他，河道因年久失修积存了很多淤泥，整条河杂草丛生，河面杂物众多，河坡垃圾成堆，导致河面变窄，一旦遇到暴雨和山洪，河水就会漫进镇里，严重影响该镇7000余名群众的生产生活，成了全镇群众的一块心病。

回到学校的顾军还是思考着河道淤积的问题，尤其是想到爷爷说的暴雨和山洪暴发的时候河水会漫出来，顾军就一阵阵后怕。近几年降水不算太多，没有出现什么大问题，如果以后降水变多则后果不堪设想。于是，顾军利用课余时间开始查找关于河道淤积的知识。通过检索，顾军了解到近年来全国许多河道都出现严重的淤积情况，这不仅影响了河道的通航和泄洪能力，同时对河道的生态功能也造成了一定的破坏。至于发生河道淤积的原因有河流动力所导致的泥沙相互转换，也有人为破坏所带来的影响。陆海间的泥沙相互转换是全球剥蚀系统的一个重要组成部分，而许多河道由于常年没有进行疏导和维护，从而使其淤塞现象开始逐年上升。同时许多河道的闸门常年处于关闭状态，从而使河道的水流自然流动性受到了不同程度的破坏，削弱了河道的自净能力。大量的强降雨，将地表中的土壤颗粒挟带到河流中，从而形成黏附力较强的淤泥，在不断的淤积下导致河道发生严重的堵塞，使河道的正常功能受到较大的影响。这只是网上对河道淤积原因的总结，由于各个河道情况不尽相同，造成淤积的原因也稍有差异，不过这不影响顾军对河道淤积的整体理解。

有了科学的概念，顾军在周末回家的时候又拉着爷爷跑到河边仔细观察镇边的这条河道。河道上漂着一些生活垃圾，用树枝挑起来后可以看到下面全是泥沙，既有人为丢弃垃圾的原因，又有强降雨带来上游泥沙的原因，难怪会淤积得这么严重。顾军皱着眉头看着河道，完全没了继续陪爷爷散步的心情。爷爷一边拉着他沿着河道往前走一边对他说："告诉你一件好事情，镇政府也一直关注着河道的情况，听说已经将情况反映到县政府了，应该很快就会采取措施治理了，毕竟河道淤积不是一件小事情，这条河离村镇很近，防洪事关每个人的生命财产安危。你还是个学生，热心关注身边的事情值得鼓励，我同样很支持你全面发展，多了解书本以外的知识。但现在还是以学业为重，因为清理河道这件事不是你能解决的，需要政府制订计划采取行动，花费人力物力才能改变现状。周一你就安心回学校好好学习，用不了多久，等你再回家的时候肯定会看到不一样的景象。"顾军从小就觉得爷爷说的话都很有道理，这次也不例外，有了爷爷的安慰和保证，顾军放心地回到了学校。

其实顾军的爷爷之前也很担忧，好在邻居老李在镇政府工作，闲聊时说起这个问题才知道了政府要治理河道淤积的事情。镇里原本没有这条河流，为了全镇的用水需求，靠东、南、西、北四支水系被截流在镇东面才有了这条河流。多年来各种人为、自然原因导致了河道长期淤塞，水质恶臭。近年来，政府已经几次耗资治理，但仍无效果。河流屡治屡污，屡治屡堵。河流的横空出世，不仅没有解民众之忧，反而为民众生活带来了新的困扰，这着实需要进行反思：谁将为河道淤塞埋单？谁又将担起治淤通河的重任？

政府几次耗资治理河道仍无效果，这从侧面也反映出政府花钱并未对症下药。要想真正收到成效，一定需要政府把"好钢用在刀刃上"，把好钱花在点子上。在引进先进技术、培养专业人员、购买高端设备方面均可加大投资力度，若理念新颖、技术过硬、方案合理，治理河道淤塞亦不会成为一纸空谈。此外，河流屡治屡堵，与人们不注重环保、肆意排放污染物有很大关系，民众做到自觉保护河道，河水又怎会脏乱不堪？

我国《防洪法》第十八条规定：“防治江河洪水，应当蓄泄兼施，充分发挥河道行洪能力和水库、洼淀、湖泊调蓄洪水的功能，加强河道防护，因地制宜地采取定期清淤疏浚等措施，保持行洪畅通。防治江河洪水，应当保护、扩大流域林草植被，涵养水源，加强流域水土保持综合治理。”第二十二条第一款、第二款规定：“河道、湖泊管理范围内的土地和岸线的利用，应当符合行洪、输水的要求。禁止在河道、湖泊管理范围内建设妨碍行洪的建筑物、构筑物，倾倒垃圾、渣土，从事影响河势稳定、危害河岸堤防安全和其他妨碍河道行洪的活动。”政府有义务加强河道防护，因地制宜地采取定期清淤疏浚等措施，任何人都不得在河道倾倒垃圾。

果然如爷爷所说，顾军周末回到家后发现河边来了很多带着各种测量工具的人，打听之下知道了他们是政府请来的专业人员。在专业人员的科普下，顾军对河道淤积有了更多的认识。首先，河道作为输送水资源的载体，流水冲击造成土壤的迁移、沉积是造成当前河道淤积的一大主要原因。当前的很多河道，由于建设年代比较早，缺乏科学的规划与施工，导致竣工的河道缺少护岸的保护作用，这在很大程度上影响了河道抗流水冲击的能力。河道的土壤成分暴露在外，在水力、太阳烘晒以及人力的交替作用下，产生了严重的水土流失现象。流失的土壤一部分被沉积于河道的底部，经过长时间的作用造成河床的抬升，进而影响到河道对水资源的输送能力。而被带走的土壤则会导致下游河道产生淤塞，长期作用则会造成水位落差的降低，造成水资源输送困难。其次，大量有机质垃圾进入河道，是造成河道淤积的又一重要原因。日常生活当中产生的很多垃圾以及农业生产过程中产生农作物秸秆等富含有机成分的物质，被人们随意排放到河道中。由于河道本身具有一定的自净能力，可以对排入的物质进行一定程度的“消化”，这些经过降解的物质最终会变成沉积物沉淀到河床的底部；若是未经水体“消化”的部分，则会以更大比重沉积于河床底部。长期作用以后，尤其是没有得到及时有效的疏通的话，同样会对河床产生明显的淤积作用。最后，清淤工作开展不及时，也是造成河道淤积的一方面原因。当然，这与上述的几点原因存在着必然的联系。及时有效地对河道清淤就不会造成河道的淤塞，也就不存在河道的淤积问题。作为最为有效的河道疏通措施，应当予以高度重视。

4 月，该镇正式启动河道整治工程。专业人员计划先查看河底淤积严重程度，待工程量重新审核认定后再安排施工。清淤主要采用人工清理配合机械运卸的施工方法。配合政府的清淤措施，社会主流媒体通过多种渠道宣传保护河道、维护生态的重要性，单位、学校也要定期通过举办讲座、开设相关课程等形式对民众进行培训教育，提高民众环保意识和保护河道的主观能动性。

整治后，河道底部由原来的 1 米多拓宽至 3 米，深度达 3 米，比以前增加近一倍，排涝标准由不足 3 年一遇提高到 5 年至 10 年一遇。为方便居民通行和休闲，河道整治段还修建了两座车行桥、一座人行桥及 3 公里健身步道。

河道经过清淤整治后，镇上也专门派人进行长效管理，定人定岗维护，可以实现“水旱水涝到水利、水脏水浑到水清、水塘水域到水景”的转变。当顾军和爷爷走在整治后的河道步行道上，顾军喜滋滋地说：“现在，我们不用再担心涨洪水了，茶余饭后还有散步休闲的地方，这真是政府为我们老百姓办的实事好事啊。”“是啊，听说接下来还将在健身步道旁栽植绿化树，安装路灯，让其既可防洪还能成为一道亮丽的风景线。”顾军的爷爷感慨地说道。

一条通畅清澈的河道，不仅是一道亮丽的风景线，更是排水、排污坚实的保证。然而河道之前很多地方因暴雨引发内涝，不禁勾起了人们对河道淤积和防洪的思考，在城镇现代化建设步伐日益加快的今天，我们更要注重城镇基础设施的完善坚固，否则只会自食恶果。治理河道淤积应从源头监管、治污技术、民众意识方面入手进行整治，保证城市河道“旧貌换新颜”。

近年来，我国自然灾害频繁发生，特别是洪涝灾害给人民的生产和生活带来严重的影响，同时也直接威胁人民的生命财产安全。河道具有排灌、泄洪、防涝及保护生态环境的功能，但很多河道淤积得较为严重，严重影响了河道正常功能的发挥，所以加大对河道进行清淤的处理具有极其重要的意义。

图书在版编目（CIP）数据

法律故事汇. 纠纷解决·维权救济的故事 / 中国法制出版社编著. —北京：中国法制出版社，2020.5
（法律故事书系列）
ISBN 978-7-5216-0501-3

Ⅰ. ①法… Ⅱ. ①中… Ⅲ. ①法律—中国—通俗读物 Ⅳ. ① D920.5

中国版本图书馆 CIP 数据核字（2020）第 066011 号

责任编辑：程　思　陆紫薇　　　　封面设计：李　宁

法律故事汇：纠纷解决·维权救济的故事
FALÜ GUSHIHUI：JIUFEN JIEJUE · WEIQUAN JIUJI DE GUSHI

编著 / 中国法制出版社
经销 / 新华书店
印刷 / 三河市紫恒印装有限公司
开本 / 710 毫米 ×1000 毫米　16 开　　　　印张 / 15　字数 / 152 千
版次 / 2020 年 5 月第 1 版　　　　2020 年 5 月第 1 次印刷

中国法制出版社出版
书号 ISBN 978-7-5216-0501-3　　　　定价：48.00 元

北京西单横二条 2 号　邮政编码 100031　　　　传真：010-66031119
网址：http://www.zgfzs.com　　　　**编辑部电话：010-66010406**
市场营销部电话：010-66033393　　　　**邮购部电话：010-66033288**
（如有印装质量问题，请与本社印务部联系调换。电话：010-66032926）